Gran libro de ciencias Montessori

LAROUSSE

Créditos: © Shutterstock.com

EDICIÓN ORIGINAL
Dirección de la publicación: Carine Girac-Marinier
Dirección editorial: Julie Pelpel-Moulian
Edición: Léa Combasteix
Dirección artística: Uli Meindl
Diseño gráfico: Laura Leotard-Chausson

Experimentos científicos: Coline Creton y Rémy Léglise
El móvil del espacio y el volcán: Aurora Meyer

EDICIÓN PARA MÉXICO
Dirección editorial: Tomás García Cerezo
Gerencia editorial: Jorge Ramírez Chávez
Traducción: Imma Estany
Corrección: Àngels Olivera
Adaptación: Diego Cruz Hernández
Adaptación de portada: Nice Montaño Kunze
Coordinación de salida y preprensa: Jesús Salas Pérez

D.R. © MMXXII Ediciones Larousse, S.A. de C.V.
Renacimiento 180, Col. San Juan Tlihuaca,
Azcapotzalco, México, 02400, Ciudad de México

Primera edición: 2022 - Primera reimpresión, 2023

ISBN: 978-607-21-2757-9

Este ejemplar se terminó de imprimir en abril de 2023,
en Comercializadora de Impresos OM S.A. de C.V.
Insurgentes Sur 1889 Piso 12 Col. Florida
Álvaro Obregón, Ciudad de México.

Impreso en México — *Printed in Mexico*

En Hachette Livre México usamos
materias primas de procedencia
100% sustentable

Prefacio

El objetivo de este cuaderno y de la pedagogía Montessori es ayudar a tu hijo en su aprendizaje y su **descubrimiento de las ciencias** a la vez que le permites aprender y experimentar por sí mismo. A través de diversas actividades, que requieren la utilización de herramientas adaptadas a sus necesidades, tu hijo descubrirá el método científico y los grandes mecanismos de los seres vivos.

Antes de que te lances a la aventura, aquí tienes algunos consejos que te permitirán utilizar el material de acuerdo con los principios fundamentales de la **pedagogía Montessori**:

- **La experimentación sensorial:** para completar los experimentos incluidos en el libro, ofrécele a tu hijo una experimentación sensorial completa, acompañando cada actividad con objetos de la vida cotidiana, como hojas de árbol, pequeñas figuras, agua, tierra, hielo, etc. **Aprender estimulando el conjunto de los sentidos** es una parte esencial de la pedagogía Montessori. El niño necesita completar y enriquecer su referencia sensorial.

- **La autonomía:** uno de los grandes pilares de la pedagogía Montessori es animar al niño a hacer las cosas por sí solo. El niño viene al mundo con una **capacidad de autonomía innata** y con ganas de experimentar. La tarea del adulto es acompañarlo y ofrecerle oportunidades para descubrir teniendo en cuenta su curiosidad.

- **La autocorrección:** el niño no debe esperar que los adultos aprueben sus respuestas, sino que debe poder **autocorregirse**. Para ello, encontrarás numerosas actividades que dan pie a la autocorrección.

- **La manipulación y la repetición:** manipulando y repitiendo las cosas tantas veces como sea necesario, tu hijo puede saciar su afán de aprender. Poco a poco, y a base de repeticiones espaciadas, la información se dirige hacia su memoria a largo plazo y queda grabada en ella. Y así, ¡ese concepto se aprende para siempre!

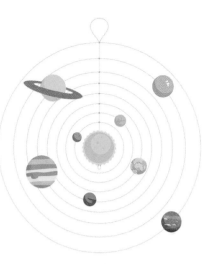

Contenido

 **El Universo**

La Tierra

 **El mundo vegetal**

Los títulos indicados en azul claro son actividades o experimentos científicos, que tu hijo puede realizar en casa sin ningún peligro.

El mundo animal

El cuerpo humano

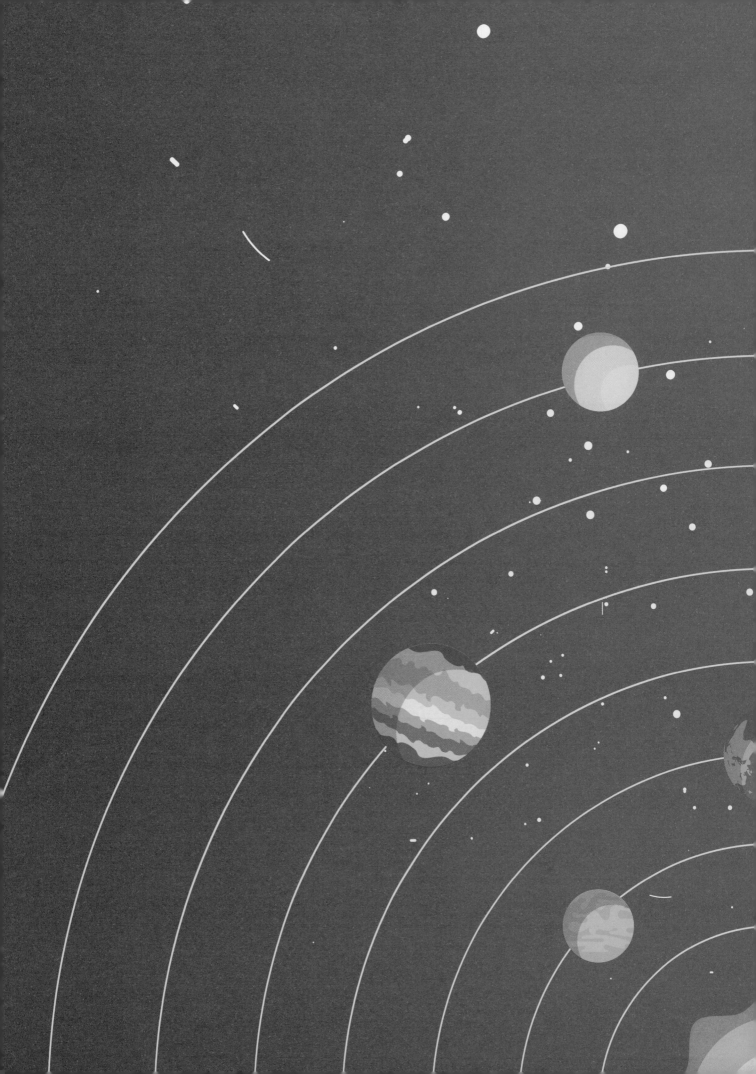

El sistema solar

Recorta las tarjetas de la página 123 y luego colócalas sobre los planetas correspondientes. A continuación podrás darles la vuelta para descubrir cómo se llaman.

¿Lo sabías?
El sistema solar está constituido por planetas (Mercurio, Venus, la Tierra, Marte, Júpiter, Saturno, Urano y Neptuno), cometas y meteoritos que giran alrededor del Sol. La Tierra da la vuelta al Sol en 365 días: es lo que dura un año.

El móvil de los planetas

Los planetas son astros que giran alrededor de una estrella. En nuestro sistema solar, ¡la estrella es el Sol! Cada planeta describe una órbita, es decir, una trayectoria en forma de círculo, alrededor del Sol.

La actividad paso a paso:

1. Decora las bolas de unicel con pintura. Utilizarás la más grande para hacer el Sol, las dos medianas para Saturno y Júpiter, y las pequeñas, para Neptuno, Marte, Venus, Urano, Mercurio y la Tierra.

2. Pídele a un adulto que forme 8 círculos de tamaños diferentes con el alambre y luego haz un agujero en cada bola con una aguja.

3. Toma el círculo más pequeño y ensarta Mercurio en él. Aplica una gotita de silicón para cerrar el círculo. Luego toma un círculo más grande y ensarta Venus. Repite la operación con la Tierra, Marte, Júpiter, Saturno, Urano y Neptuno. Respeta el orden.

4. Corta unos 50 centímetros de hilo de pescar. Pasa el hilo a través del Sol y haz un nudo acompañado de una gotita de silicón para fijar la bola en un extremo del hilo.

5. Con el hilo restante, haz un nudo alrededor de cada círculo, empezando por el más pequeño, para formar tu propio sistema solar.

6. ¡Tu sistema ya está listo! Cuélgalo con una chincheta.

El material:
- 9 bolas de unicel: 1 grande, 2 medianas y 6 pequeñas
- pintura
- alambre
- hilo de pescar
- una pistola de silicón
- una aguja
- una chincheta

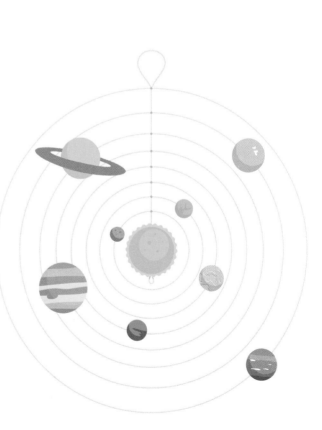

La formación de la Tierra

En el momento de su formación, ¡la Tierra no era más que una enorme bola de fuego! Hubo que esperar miles de millones de años para que se enfriara y se formara una corteza. Pero hoy en día, el planeta sigue hirviendo por dentro, y cuando los gases explotan, la corteza se fisura... y sale lava por los volcanes!

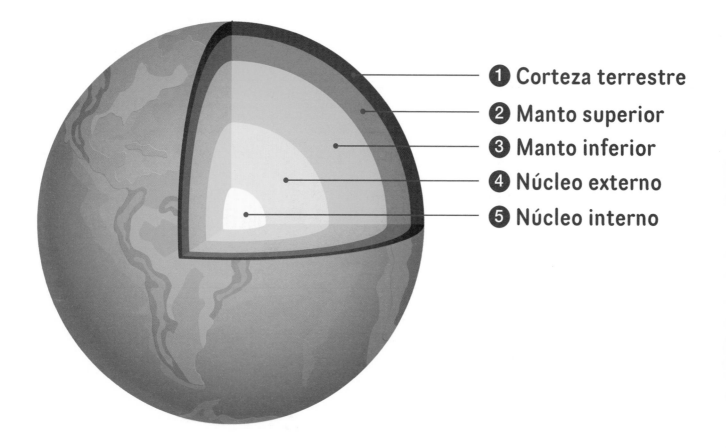

1 Corteza terrestre

2 Manto superior

3 Manto inferior

4 Núcleo externo

5 Núcleo interno

Para descubrir cómo funcionan los volcanes, crea tu propia erupción volcánica.

La actividad paso a paso:

1. Prepara la base del volcán con plastilina. Deja un agujero en medio para el cráter.

2. Vierte unas gotas de jabón lavavatrastes y de colorante alimentario rojo en el cráter. Añade el bicarbonato sódico.

3. Vierte el vinagre blanco... ¡y admira la erupción!

El material:
- plastilina (café, de ser posible)
- jabón lavatrastes
- colorante alimentario rojo
- 3 cucharadas de bicarbonato sódico
- ½ vaso de vinagre blanco

Truco:

Puedes sustituir la plastilina por arcilla, tierra o una maqueta de papel maché.

¿Lo sabías?

Entre la Tierra que ardía y el espacio que estaba helado se creó una enorme nube de gas, que dio origen al agua y al aire. Fue así como, durante varios millones de años, llovió sobre la Tierra. En contacto con el agua, la Tierra se enfrió, los volcanes se apagaron y el planeta quedó cubierto por los océanos. Entonces la Tierra estaba lista para albergar, mil millones de años más tarde, a los primeros seres vivos: las bacterias.

La formación de los continentes

Hace unos 200 millones de años, todos los continentes estaban juntos y formaban una única superficie de tierra: Pangea. Más adelante, Pangea se separó en dos continentes, que, a su vez, se dividieron para formar los continentes actuales.

Observa las imágenes y luego escribe 1, 2 o 3 en cada etapa de la formación de los continentes a fin de ubicarlos en el orden correcto.

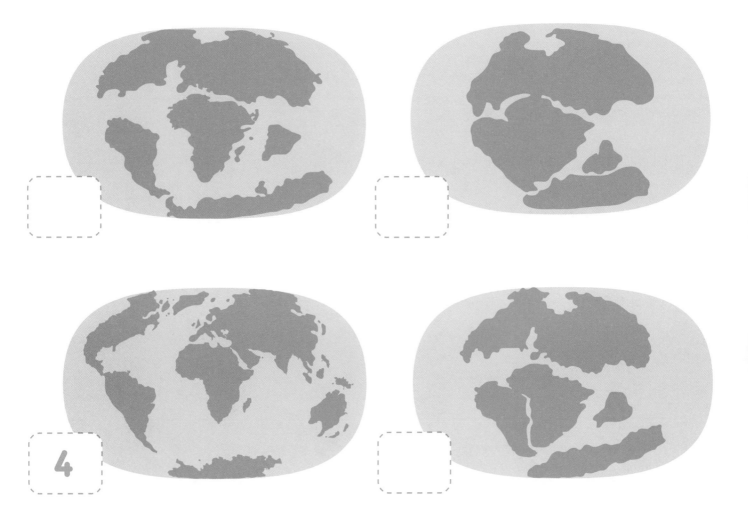

¿Lo sabías?
En la época en que había un único continente, Pangea estaba rodeada por un solo océano: Panthalassa.

Las constelaciones

Una constelación es un conjunto de estrellas que forman una figura. Recorta las tarjetas de la página 121, luego colócalas sobre las constelaciones y dales la vuelta para averiguar cómo se llaman.

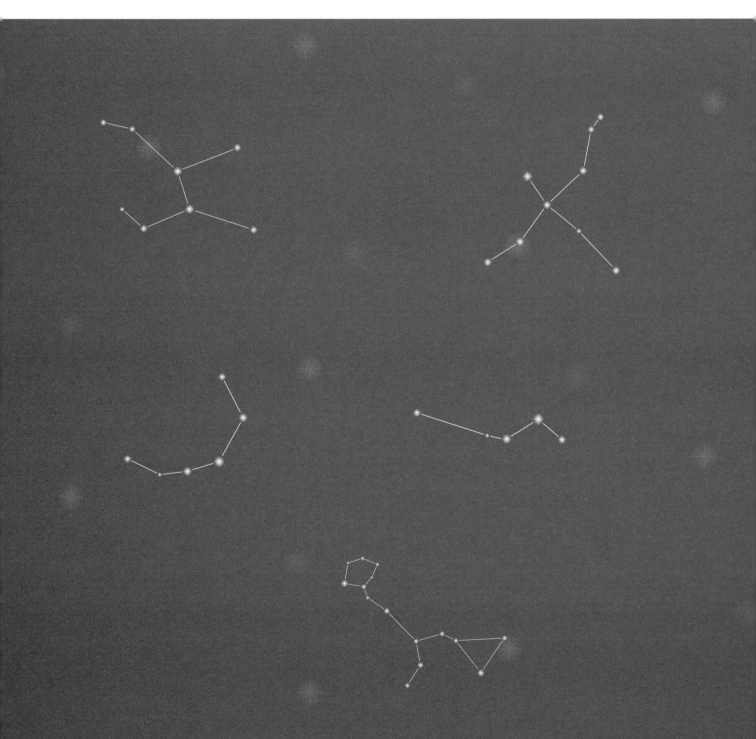

El mapa del cielo

Une las estrellas entre ellas para formar constelaciones.

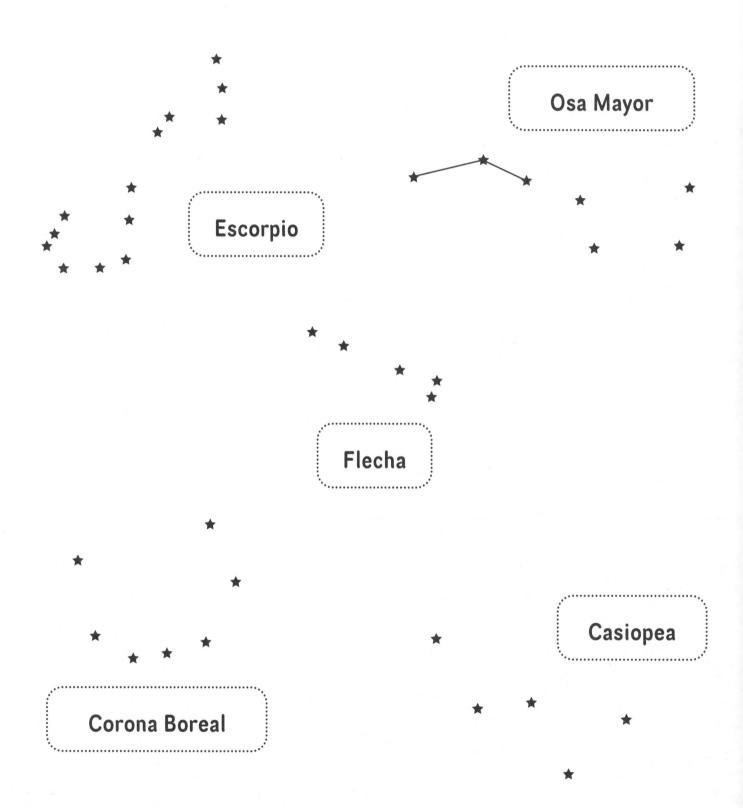

Osa Mayor

Escorpio

Flecha

Casiopea

Corona Boreal

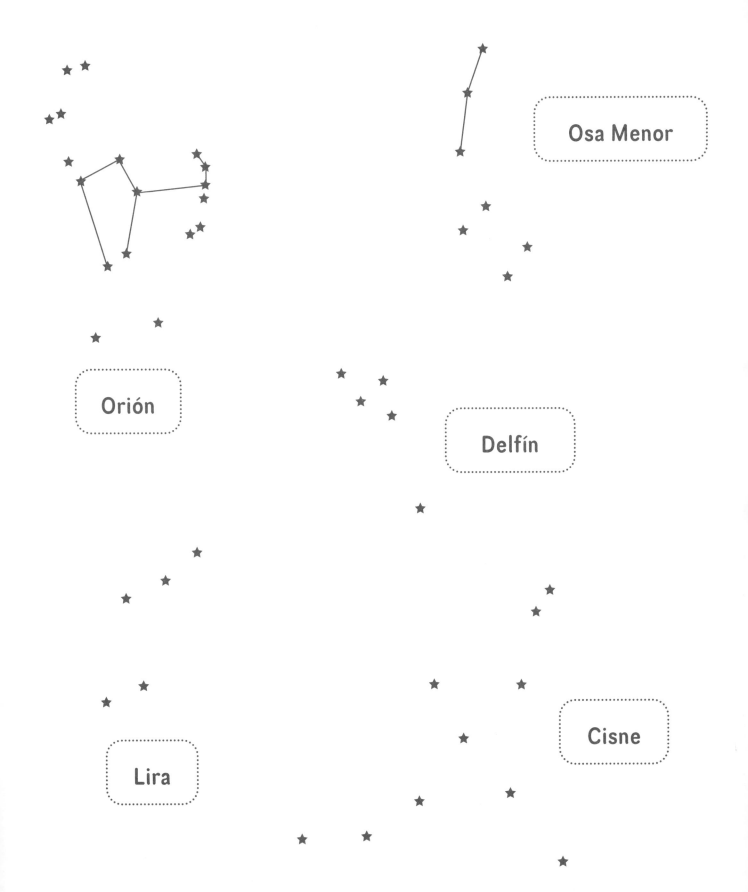

Osa Menor

Orión

Delfín

Cisne

Lira

Las fases de la Luna

Colorea de amarillo las partes visibles de la Luna a fin de descubrir sus fases.

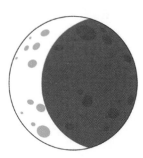

Luna nueva

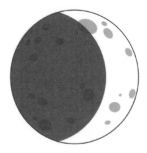

¿Lo sabías?
La Luna siempre está iluminada por el Sol por un lado; por tanto, está oscura por el otro lado. Desde la Tierra se pueden observar las diferentes fases de la Luna.

Cuarto menguante

¿Lo sabías?
Un eclipse de Luna es un fenómeno natural poco frecuente que se produce en luna llena, cuando la Tierra, el Sol y la Luna están alineados.

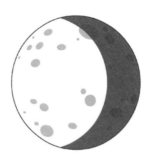

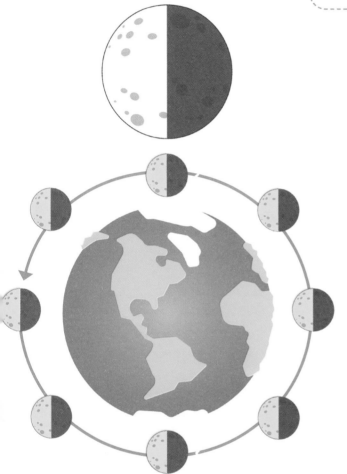

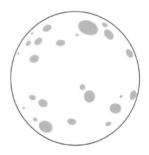

Luna llena

Cuarto creciente

La Tierra

Los 4 elementos naturales y fundamentales de nuestro planeta son **el fuego**, **el agua**, el aire y **la tierra**.
Recorta las tarjetas de la página 123 y asocia cada imagen a su elemento pegándolo.

Fuego

Aire

Agua

Tierra

23

El ciclo del agua

Recorta las tarjetas de la página 125 y luego pégalas sobre el esquema del ciclo del agua para visualizarlo.

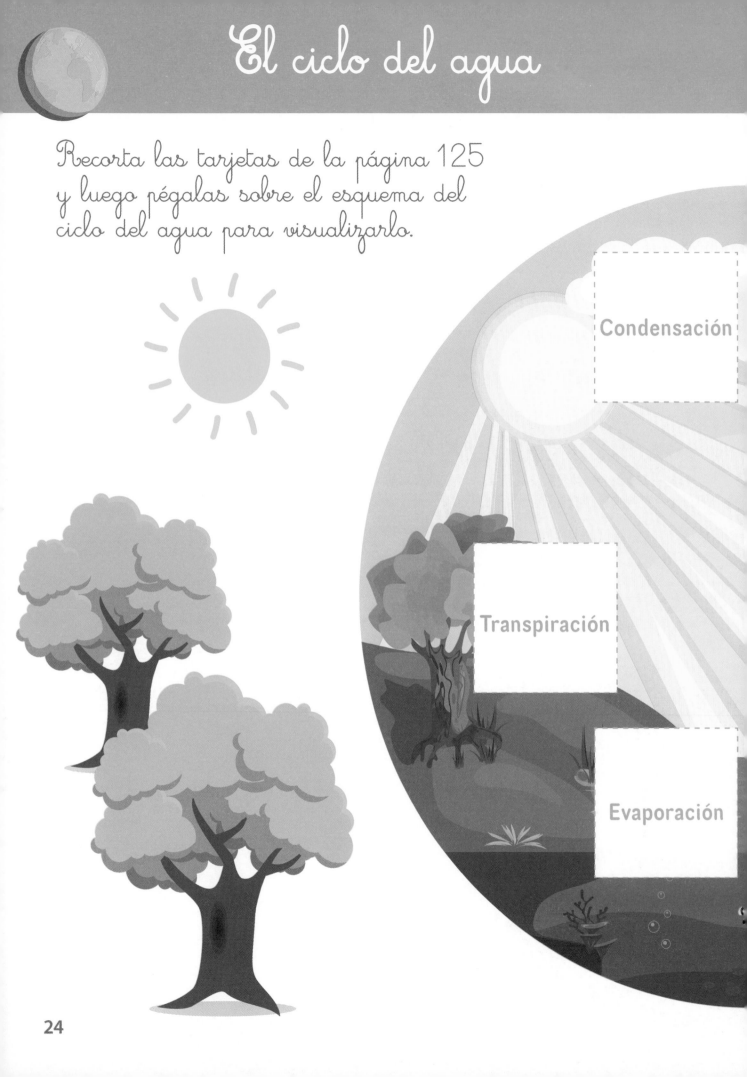

Condensación

Transpiración

Evaporación

Precipitaciones

Escorrentía

Filtración

Para hacerlo con tu hijo:
Deja un poco de agua en un frasco cerrado y luego colócalo sobre un radiador o al sol para observar la evaporación y la condensación del agua.

Mira: ¡una simple regla de plástico puede tener un extraño poder! ¿Es mágica? No, ¡es eléctrica!

El experimento paso a paso:

1. Frota la regla de plástico sobre un suéter de lana durante unos 30 segundos.

El material:

- una regla de plástico

- un suéter de lana

- un grifo

2. Abre el grifo para que salga un fino hilo de agua. Acerca la regla despacio al agua que cae, sin tocarla.

Lo que observas:

El hilillo de agua se desvía: ahora el agua no cae recta, ¡hace una curva!

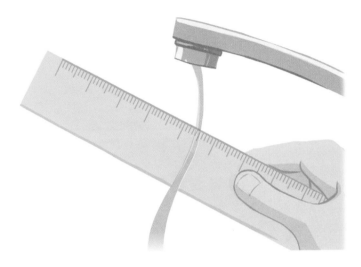

> **¿Lo sabías?**
> *Estático* significa «que no se mueve». Se habla de electricidad estática porque está atrapada en un objeto, un globo o una regla de plástico, por ejemplo.

¿Qué sucede?

¡El agua es atraída por la regla!
La que hace este truco es la electricidad estática; cuando frotas la regla sobre la lana del suéter, la cargas de electricidad.
¡Esta electricidad estática es lo que atrae el agua hacia la regla!

Truco:

Para observar la electricidad estática de otro modo, esparce unos trocitos de un pañuelo de papel sobre una mesa, frota la regla sobre tu pelo y luego acerca la regla a los trocitos de papel: ¡la regla atrae inmediatamente estos trocitos, que se le adhieren!

También puedes probar con un globo y frotarlo con un suéter de lana. Luego pásatelo por encima del pelo: ¡los cabellos son atraídos por el globo!

Los estados del agua

Recorta las tarjetas de la página 125 y luego ordénalas alrededor de la rueda en función del estado del agua. Podrás comprobar las respuestas dando la vuelta a las tarjetas.

Sólido

Gaseoso

Líquido

Para hacerlo con tu hijo:
Puedes experimentar con tu hijo la elaboración y el deshielo de cubitos, la formación de vapor de agua en una cacerola o su condensación sobre un cristal.

El agua en todos sus estados

¡El agua puede reservarte no pocas sorpresas! Aquí tienes algunas actividades divertidas para observar ciertos misterios del agua, nuestra valiosa aliada, ¡indispensable para la vida!

Al salir del baño: agua con gas

¿Lo sabías?
Puedes encontrar agua en forma líquida, cuando sale del grifo, por ejemplo; en forma de gas, en las nubes o cuando se evapora; o sólida, cuando está helada como en un cubito.

- Al salir de la bañera, observa el espejo o la ventana del cuarto de baño: ¡hay vaho en el cristal! Cuando el agua se transforma en vaho, es lo que llamamos condensación.

- Al vaciar la bañera, deja una fina capa de agua dentro.
  Al día siguiente, observarás que el agua ha desaparecido en parte o del todo: ¡se ha evaporado! Es la evaporación.

Observa:

La próxima vez que salgas de la bañera, mírate los dedos: ¡están muy arrugados! Es lo que sucede cuando estás mucho rato dentro del agua. También puedes observar este curioso fenómeno al salir de la piscina o cuando lavas los platos, por ejemplo.

En el congelador: el agua sólida

- Llena un vaso de plástico con agua justo hasta el borde. Ponlo de pie en el congelador.
  Al día siguiente, pon el vaso boca abajo: además de haber aumentado de volumen, ¡el hielo sobresale por arriba!
  Así pues, ¡el agua sólida ocupa más espacio que la líquida!
- Toma dos cubitos. Pon un dedo encima de uno de ellos y espolvorea sal encima del otro.

Observa:

El primer cubito se derrite con el calor de tu dedo; el segundo también, pero en este caso es por la sal: este ingrediente permite que el hielo se derrita a una temperatura más baja. Por eso echan sal en las carreteras cuando hace mucho frío.

En la cocina: el agua líquida

- Con el agua líquida se puede observar un fenómeno extraño: cuando añadimos ingredientes solubles, ¡desaparecen!
  Haz el experimento tomando un vaso de agua y mezclando sal; ¿qué sucede? ¡Desaparece! Luego prueba con azúcar: ¡pasa lo mismo! En realidad no desparecen, sino que se diluyen en el agua: por eso no los podemos ver.

  Ahora repite el experimento con aceite: no se mezcla, vemos cómo las gotas de aceite flotan en la superficie del vaso. Por tanto, el aceite no es soluble en agua.

La rosa de los vientos

La rosa de los vientos indica los puntos cardinales que permiten orientarse: el norte, el sur, el este y el oeste. Colorea las puntas de la rosa de los vientos respetando el código de colores.

El norte

El este

El sur

El oeste

La brújula

¿Sabes que puedes realizar una brújula que te permitirá saber dónde está el norte? Hazla con la ayuda de algún adulto.

El material:

- un recipiente lleno de agua

- un tapón de corcho

- una aguja

- un imán

La actividad paso a paso:

1. Pide a un adulto que corte una rodaja de corcho del tapón y luego colócala en la superficie del agua, dentro del recipiente.

2. Ahora frota el imán sobre la punta de la aguja y después coloca la aguja sobre el círculo de corcho. ¡La punta de la aguja se orientará hacia el norte! Lo puedes comprobar con una brújula de verdad.

3. Atención: acuérdate de alejar el imán de la aguja después de utilizarlo, ya que, de lo contrario, podría atraer la aguja e impedir que esta se oriente hacia el norte.

¿Magnética o amagnética?

Marca las casillas de la tabla para identificar los objetos magnéticos y los amagnéticos. Bajo la supervisión de un adulto, prueba cada unos de estos objetos con un imán.

	Magnético	Amagnético

¿Lo sabías?
Los objetos magnéticos son atraídos hacia el imán porque contienen hierro.

La vela que se apaga

¿Qué sucede si colocas un recipiente hermético sobre una llama? Para descubrirlo, realiza este experimento.

El material:

- un plato

- un vaso grande

- una vela de té

El experimento paso a paso:

1. Coloca la vela de té en el plato y pídele a un adulto que la encienda.

2. Toma el vaso, dale la vuelta y colócalo sobre el plato, encima de la vela.

¿Qué sucedió?

Al cabo de unos instantes, la llama se apaga por sí sola: ha consumido todo el oxígeno que había dentro del vaso.

Truco:

Puedes utilizar vasos de tamaños diferentes para comparar el tiempo que tarda la vela en apagarse: cuanto mayor es el vaso, más tarda la llama en apagarse.

Mi molinillo de viento de papel

Un poco de papel, algo de aire,
¡y ya tienes un molinillo de viento
que da vueltas!

La actividad paso a paso:

1. Recorta el cuadrado de la página 107.

2. Sigue recortando, ahora por los trazos rojos.

3. Dobla un extremo que tiene un punto azul encima del punto naranja en el centro del cuadrado. Realiza esta operación con los otros tres extremos.

El material:

- el patrón de la página 107

- unas tijeras

- una aguja

- un popote

- masilla adhesiva

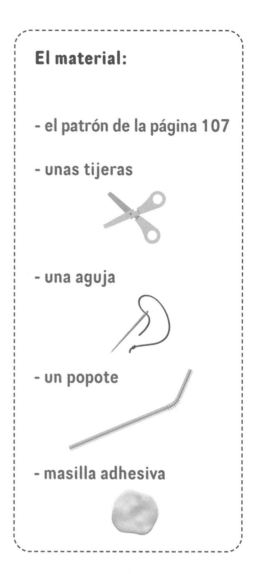

4. Utiliza una aguja para perforar el centro de la hélice y sujetar el papel doblado. No dudes en pedir ayuda a un adulto si la necesitas.

5. Luego, coloca el popote detrás de la hélice y, con cuidado, hazle un agujero con la aguja. Por último, protege la punta de la aguja cubriéndola con masilla adhesiva.

6. ¡Ahora sólo te falta soplar para que gire!

Lo que observas:

Cuando pones la hélice al viento o soplas sobre ella, empieza a dar vueltas sobre sí misma.

¿Qué ha sucedido?

El viento, al pasar, empuja las hélices. Como al viento le gusta estar libre, busca la mejor manera de escapar para no quedar atrapado. Así que escapa hacia la parte abierta de la hélice, y, al pasar, la empuja. Con viento continuo, la hélice da vueltas sin parar.

Truco:

Puedes repetir este experimento haciendo hélices de distintos tamaños. Luego, haz girar las hélices a diferentes velocidades soplando sobre ellas con más o menos intensidad.

El mundo vegetal

Los seres vivos

Los seres vivos nacen, crecen y, por último, mueren. Se alimentan, respiran y se reproducen. Marca las casillas de la tabla para identificar a los seres vivos.

	Nace y crece	Se alimenta	Respira
(gato)	✖	✖	✖
(sillón)			
(flor)			
(árbol)			
(niño)			
(guitarra)			

¿Animal o vegetal?

¿Se trata de un **animal** o un **vegetal**? Recorta las tarjetas de la página 127 y luego pégalas bajo la categoría correspondiente. A continuación podrás darles la vuelta para corregirte.

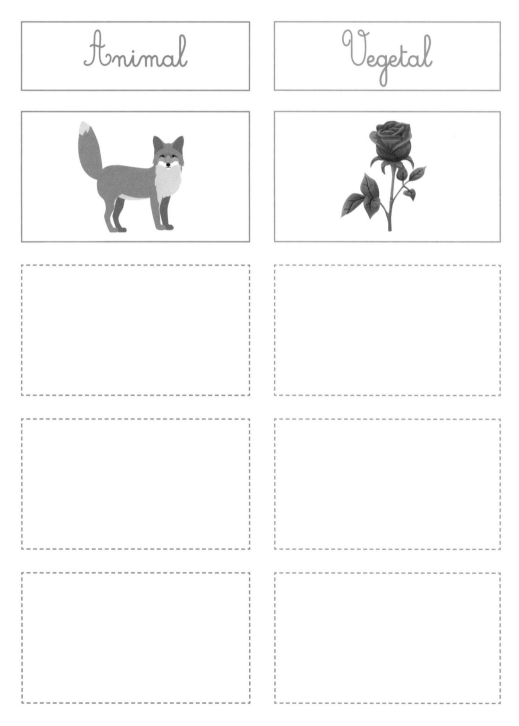

Animal	Vegetal

Recorta las tarjetas de la página 129 y luego nómbralas.
Colócalas alrededor del círculo, teniendo
en cuenta si son **vegetales**, herbívoros,
carnívoros u omnívoros.
Luego puedes dar la vuelta
a las tarjetas para comprobar
tus respuestas.

Herbívoros

Omnívoros

¿Lo sabías?

El sol da calor, luz y energía a la Tierra.

Los vegetales crecen gracias al sol y permiten alimentar a ciertos animales: se llaman herbívoros.

Algunos animales comen otras especies animales: entonces decimos que son carnívoros.

Los omnívoros, por su parte, comen tanto animales como vegetales.

La cadena alimentaria

Recorta las tarjetas de la página 127 y luego completa la cadena alimentaria respetando el sentido de las flechas.

Las partes de la planta

Una planta está constituida por varias partes:
las **raíces**, el tallo, las hojas y la flor.
Recorta las diferentes partes de la planta
de la página 109 y luego reconstrúyela.

Flor

Hojas

Tallo

Raíces

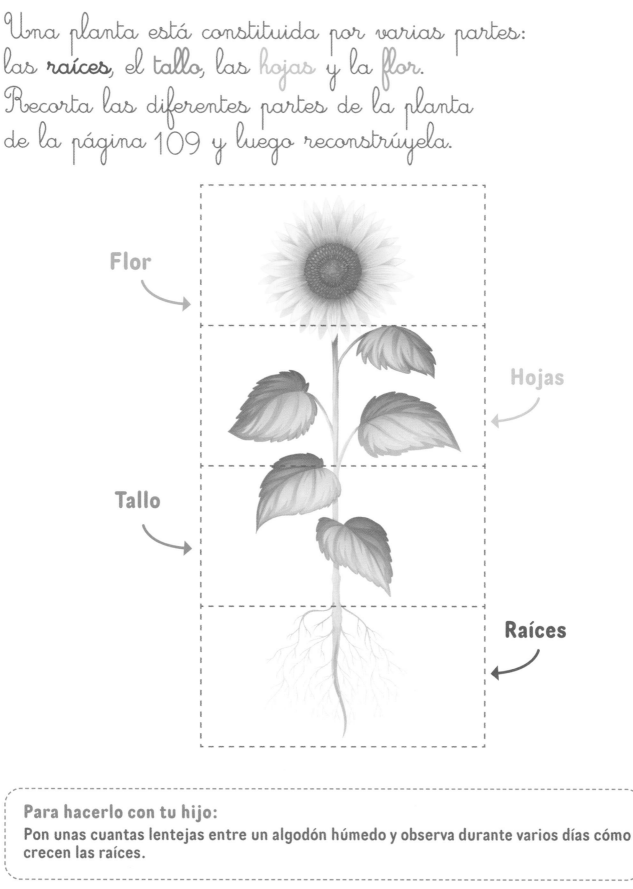

Para hacerlo con tu hijo:
Pon unas cuantas lentejas entre un algodón húmedo y observa durante varios días cómo crecen las raíces.

De la semilla a la planta

Colorea las partes de la semilla según los colores indicados.

¿Lo sabías?
Dentro de una semilla se encuentran todos los elementos en miniatura de la futura planta y todas las reservas necesarias para el inicio de su crecimiento.

- La radícula, que corresponde a una raicilla.
- El tegumento, que recubre la semilla como una piel.
- El cotiledón, que aporta las reservas necesarias para el crecimiento de la planta.
- Las hojas tiernas de la planta.

Para hacerlo con tu hijo:

Diviértanse haciendo germinar 4 semillas de frijol, una cada 3 días: ¡así podrán observar las diferentes fases de su desarrollo!

Las plantas de bulbo

Observa bien las imágenes y luego numera del 2 al 7 cada etapa del desarrollo del bulbo.

¿Lo sabías?
Algunas plantas poseen un bulbo que les permite almacenar nutrientes.

Las pequeñas semillas

En sólo una semana y con muy poco material, ¡podrás observar cómo se desarrolla la vida!

El experimento paso a paso:

1. Recubre el fondo de dos platos con algodón.

2. Esparce las semillas sobre las dos capas de algodón. Puedes crear formas, ¡como de serpiente o de nube!

Plato 1　　　　Plato 2

3. Luego recubre las semillas del segundo plato con algodón húmedo. Durante una semana, ¡moja el algodón regularmente por encima a fin de que siempre esté bien húmedo!

Plato 1　　　　Plato 2

4. En el primer plato, cubre las semillas con algodón, pero esta vez seco. Durante la semana de observación, no lo humedezcas en ningún momento.

Lo que observas:

Al cabo de unos días, ¡en las semillas que se encuentran sobre el algodón húmedo aparecen unos brotes blancos muy finos! ¡Eso significa que están germinando! Las otras semillas, bajo el algodón seco, ¡no han cambiado desde que las colocaste ahí la semana anterior!

Plato 1   Plato 2

¿Lo sabías?

La semilla es la parte de la planta que le permite reproducirse. Cuando la semilla tiene las condiciones adecuadas, empieza a germinar, ¡lo cual anuncia que la planta está creciendo!

¿Qué sucedió?

Para germinar, ¡las semillas necesitan agua! Una semilla seca se dice que está «en letargo». Dentro del agua, la semilla encuentra todos los elementos necesarios para su desarrollo, ¡y así puede despertar para germinar!

Truco:

Una vez que las semillas han germinado, puedes plantarlas en el suelo: ¡crecerán y se convertirán en una planta!

Las partes de la flor

Colorea cada parte de la flor siguiendo las indicaciones de color y luego descubre cómo se llaman.

El **cáliz** protege a los pétalos.

La **corola** es el conjunto de los pétalos de la flor.

Los **estambres**, la parte masculina de la flor, liberan el polen.

El **pistilo** es el órgano femenino de la flor.

¿Qué sucede si añadimos colorante al agua de una de estas flores? Para saberlo, realiza el experimento.

El material:
- 4 flores blancas
- 4 jarrones
- colorantes alimentarios
- agua

El experimento paso a paso:

1. Elige 4 flores blancas idénticas.

2. Coloca cada flor dentro de un jarrón y luego colorea el agua de 3 de ellas con colorantes alimentarios amarillo, rojo y azul. La cuarta flor servirá para comparar los resultados.

3. Aguarda unos días y luego observa los resultados.

4. Ahora puedes colorear las siguientes flores en función de tus observaciones.

Las partes de la hoja

Colorea las partes de la hoja siguiendo las indicaciones de color.

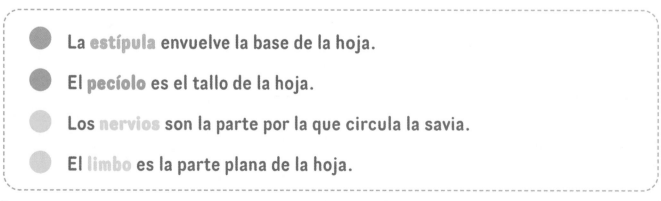

- La **estípula** envuelve la base de la hoja.
- El **pecíolo** es el tallo de la hoja.
- Los **nervios** son la parte por la que circula la savia.
- El **limbo** es la parte plana de la hoja.

La forma de las hojas

Une cada hoja con la forma que le corresponde.

Recorta las tarjetas de la página 129 y luego asocia a cada árbol su fruto. Da la vuelta a las tarjetas para comprobar tus respuestas.

Arce

Castaño

Encino

Haya

Las partes del árbol

Un árbol se compone de varias partes: las **raíces**, el **tronco**, las ramas y las hojas. Recorta las partes del árbol de la página 109 y luego reconstrúyelo.

4 **Las hojas transforman la savia bruta en savia nutritiva.**

3 **Las ramas transportan la savia bruta a las hojas.**

2 **El tronco conduce la savia bruta a las ramas.**

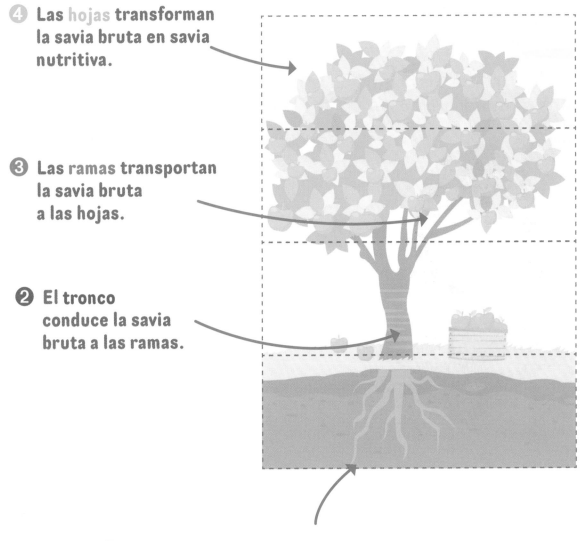

1 **Las raíces extraen el agua y las sales minerales del suelo: es la savia bruta.**

Las plantas son seres vivos, y hay muchas ocasiones para comprobarlo. Cuando hace calor, las plantas se comportan como nosotros: ¡transpiran!

El experimento paso a paso:

1. Envuelve la planta en una bolsa de plástico, sin que esta toque la planta.

2. Cierra la bolsa con la liga.

3. Por último, pon la planta con la bolsa justo debajo de una lámpara, o bien colócala al sol.

El material:

- una planta verde

- una bolsa de plástico transparente

- una liga

- una lámpara o sol

Lo que observas:

Al cabo de unas horas, ves aparecer unas gotitas de agua en el interior de la bolsa de plástico.

¿Qué sucedió?

Con el calor, la planta empieza a transpirar.
Gracias a la bolsa de plástico transparente, podemos ver el agua que, al evaporarse, se encuentra atrapada dentro de la bolsa y se acumula sobre su pared.
Sin la bolsa, las gotitas simplemente se habrían evaporado en el aire, ¡de manera invisible!

¿Lo sabías?
Cuando hace mucho calor y transpiramos, nuestro cuerpo genera esta misma reacción para regular la temperatura: de este modo evacua el exceso de calor a través de las gotitas de sudor. Las plantas son seres vivos. Por tanto, del mismo modo que los animales y nosotros, también transpiran, ¡y por las mismas razones!

En el interior de los frutos

Une cada fruta con su mitad.

Para hacerlo con tu hijo:
Corta por la mitad varias frutas y verduras, y observa lo que ves en su interior: semillas, pepitas, huesos…

Del hueso al fruto

Algunas frutas poseen un hueso. Al plantarlo, crecerá un árbol, producirá flores y luego frutos. Observa bien estas imágenes y luego numera del 2 al 6 cada etapa del desarrollo del árbol frutal.

1

7

59

Frutas y verduras

¿Qué encontramos en un huerto y en un vergel?
Recorta las tarjetas de la página 111 y luego pégalas
en el lugar adecuado.

En el huerto

En el vergel

El mundo animal

La clasificación de los animales

Los animales se clasifican en varias categorías, según sus características.

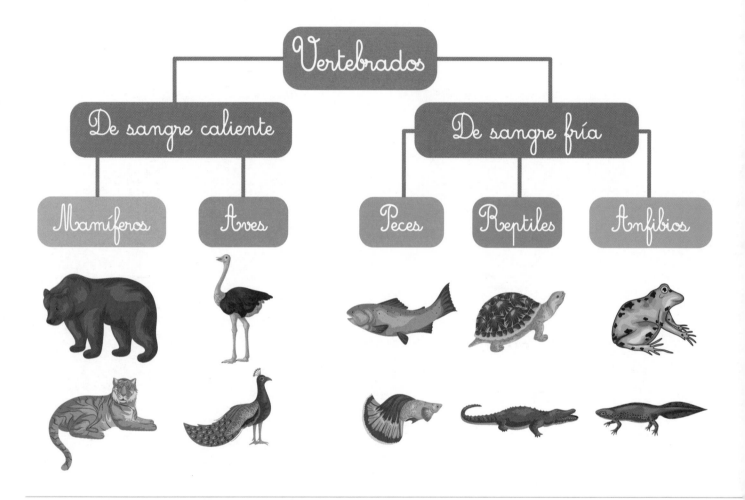

Pinta de color **naranja** los mamíferos; de **rosa**, las aves; y de **verde**, los reptiles y los anfibios.

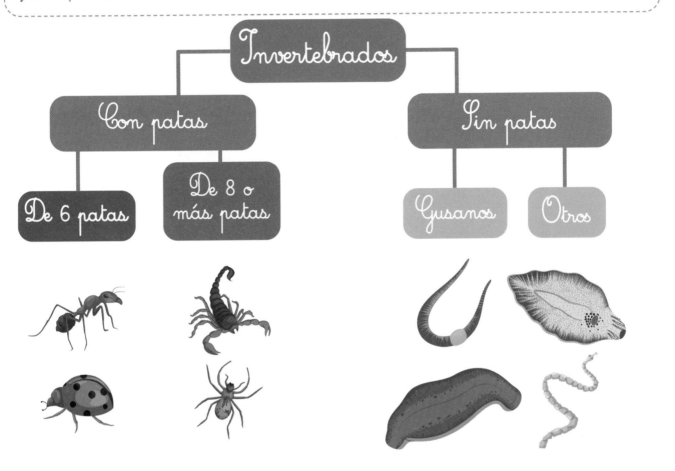

65

Recorta las tarjetas de la página 131. Coloca sobre los rayos del sol los **vegetales** que crecen gracias a la energía solar, luego los **herbívoros** que se alimentan de estos vegetales y, por último, los **carnívoros** que los devoran.

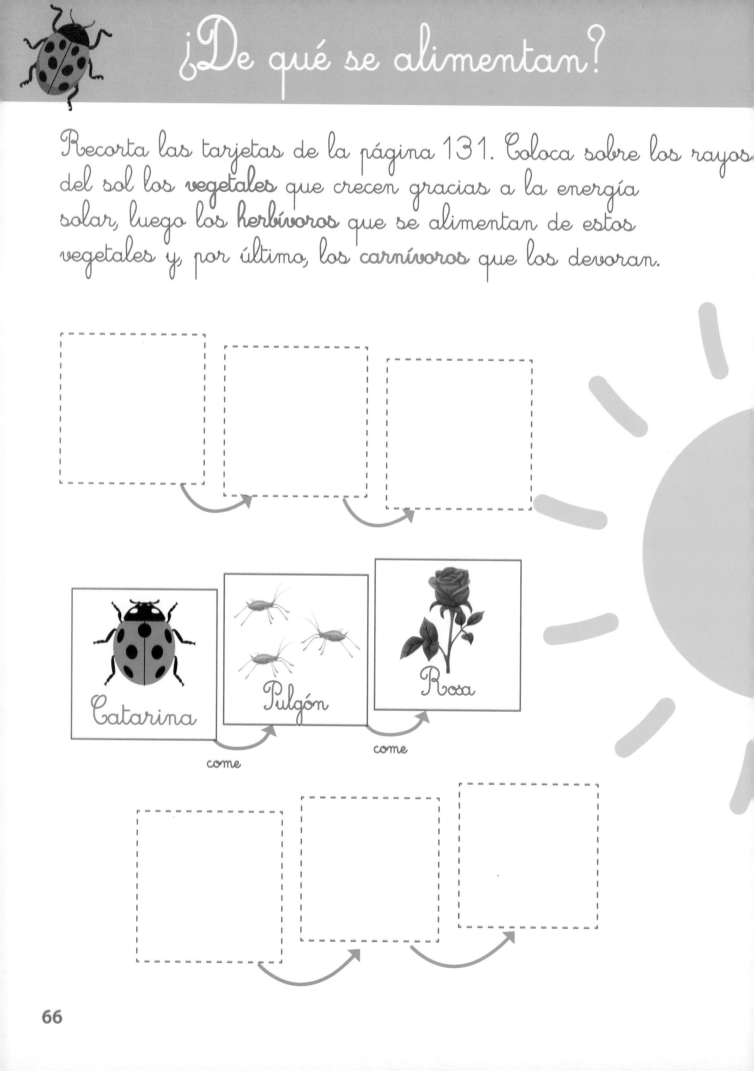

Catarina

Pulgón

Rosa

come

come

Hierbas altas

Búfalo

León

En el jardìn

En el jardín, busca y rodea con un círculo:

- 2 invertebrados
- 2 mamíferos
- 2 aves

- 1 animal sin pelo ni plumas
- 1 animal que pica
- 1 animal que sabe camuflarse

- 1 animal que ha desaparecido desde hace miles de años
- 1 animal que… ¡no debe estar aquí!

Recorta las tarjetas de la página 133 y luego colócalas alrededor de la catarina para conocer el nombre de las diferentes partes de su anatomía.

Recorta tus tarjetas de la página 115 y luego pégalas para completar el ciclo de vida de la catarina.

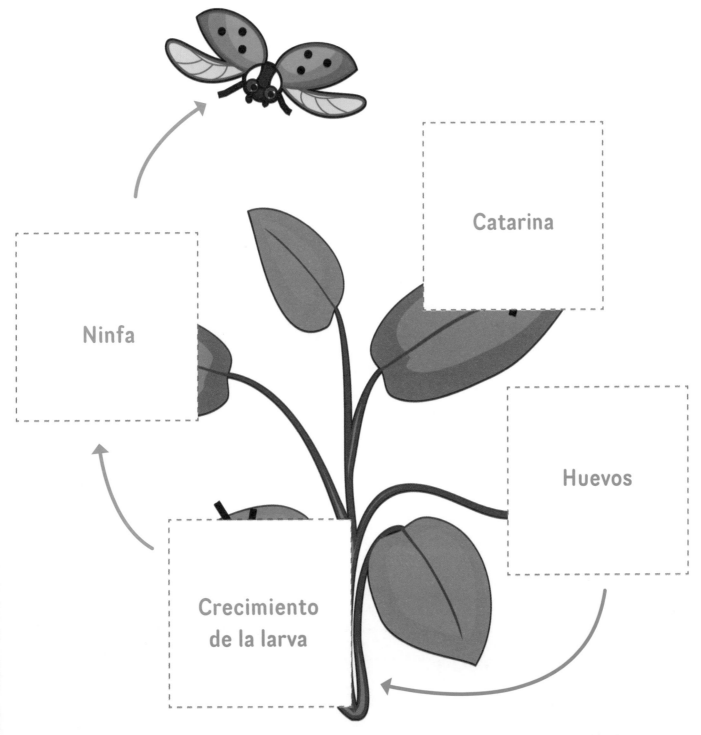

Catarina

Ninfa

Huevos

Crecimiento
de la larva

Recorta las tarjetas de la página 113. Observa el bosque y luego pega los animales que puedes encontrar en él.

¿Qué comen estos animales? Para descubrirlo, une cada animal con su alimento favorito.

¿Lo sabías?
La cola de la ardilla es más larga que su cuerpo. Le sirve para equilibrarse
y para calentarse cuando duerme.

Recorta las tarjetas de la página 133 y luego colócalas alrededor del petirrojo para conocer el nombre de las diferentes partes de su anatomía.

¿Lo sabías?
Este pajarito debe su nombre al color de su pecho y garganta, que son de un tono rojo vivo.

Recorta las tarjetas de la página 111 y luego pégalas para completar el ciclo del pájaro.

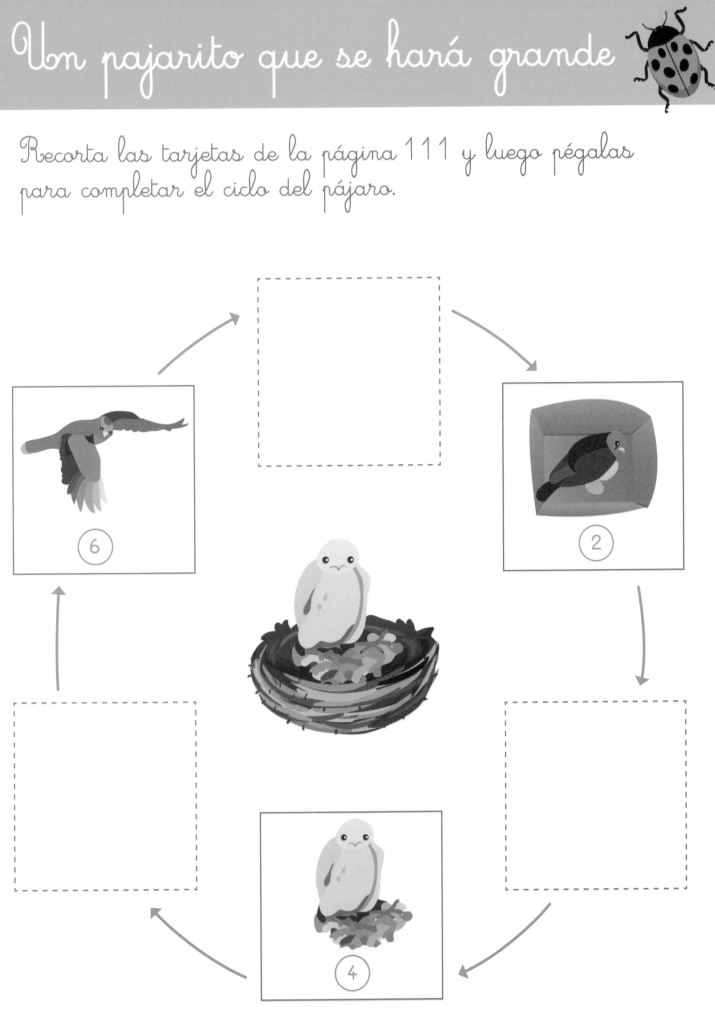

Recorta las figuras de la página 113. Observa el campo y luego pega los animales que puedes encontrar en él.

Recorta las tarjetas de la página 131 y luego colócalas en función de la forma de reproducción del animal: ¿ovíparo o vivíparo? Luego ya podrás dar la vuelta a las tarjetas para corregirte.

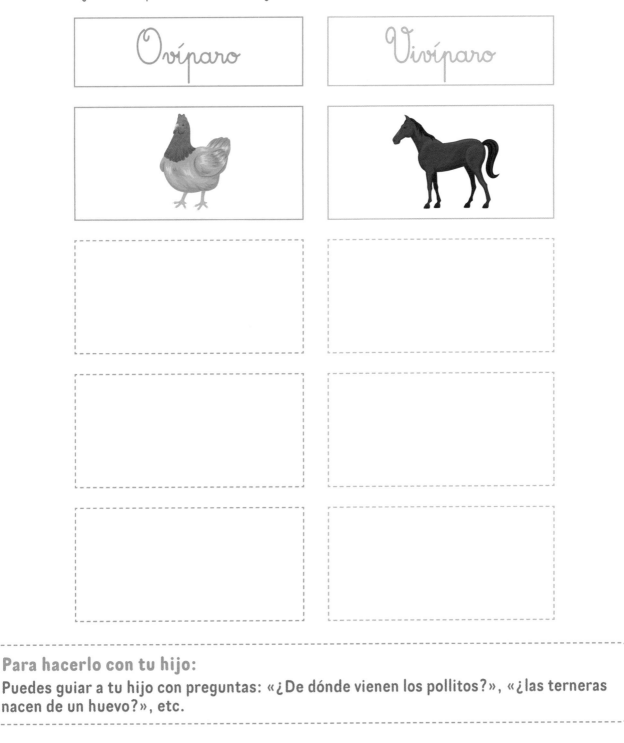

Ovíparo	Vivíparo

Para hacerlo con tu hijo:

Puedes guiar a tu hijo con preguntas: «¿De dónde vienen los pollitos?», «¿las terneras nacen de un huevo?», etc.

El ciclo de vida de la gallina

Observa bien la imagen inferior y luego numera del 2 al 6 cada etapa del ciclo de vida de la gallina.

78

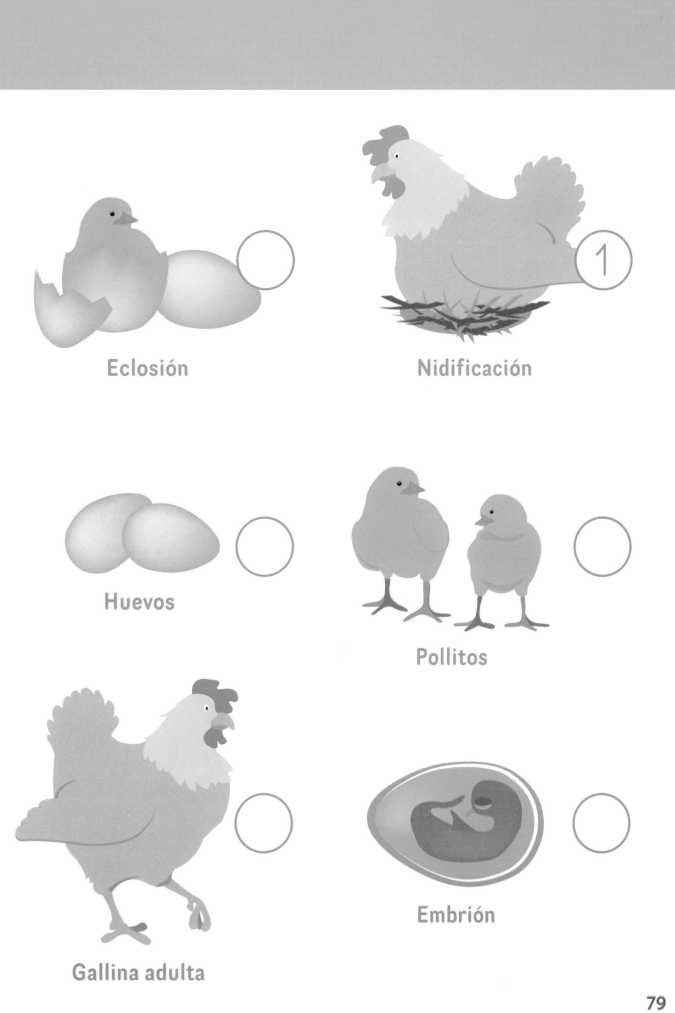

Eclosión

Nidificación ①

Huevos

Pollitos

Gallina adulta

Embrión

Observa la anatomía de la gallina y luego colorea el embrión que hay dentro del huevo, según los colores indicados.

Ojo

Pico

Columna vertebral

Pulmones

Ovarios

Riñones

Buche

Corazón

Hígado

Molleja

Intestino grueso

Oviducto

Cloaca

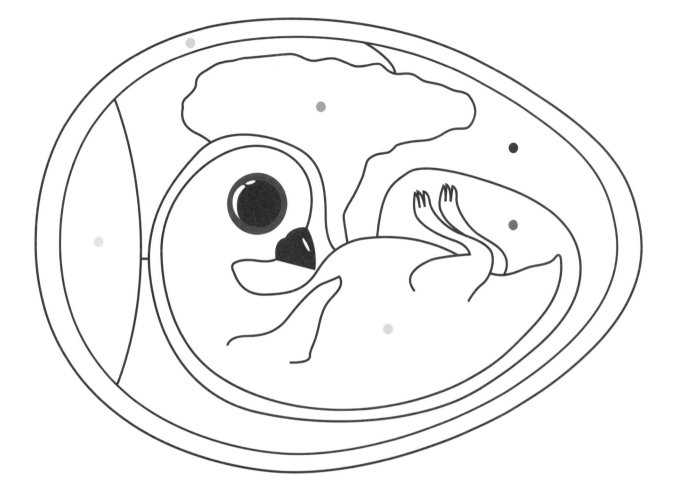

La cáscara protege al embrión.

La cámara de aire es una bolsa de aire que se forma en el interior del huevo.

El vitelo alimenta al embrión.

El **líquido alantoideo** permite respirar al embrión.

El **líquido amniótico** es el líquido en el que se baña el embrión.

El embrión es el futuro pollito, aún en formación.

Recorta las figuras de la página 113. Observa el estanque y luego pega los animales que puedes encontrar en él.

Los bichitos

Observa los insectos de esta página y rodea con un círculo los que conozcas.

Escarabajo de la patata

Insecto palo

Mosca

Mosquito

Avispa

Araña

Gorgojo

Catarina

Escarabajo

Abeja

Libélula

Cetonia dorada

Cucaracha

Mariposa

Chinche

Hormiga

¿Lo sabías?
Entre estos insectos se oculta un intruso: la araña, que forma parte de los arácnidos y tiene 8 patas. ¡Los insectos sólo tienen 6 patas!

Observa bien la imagen para conocer la anatomía del mosquito y sus diferentes partes.

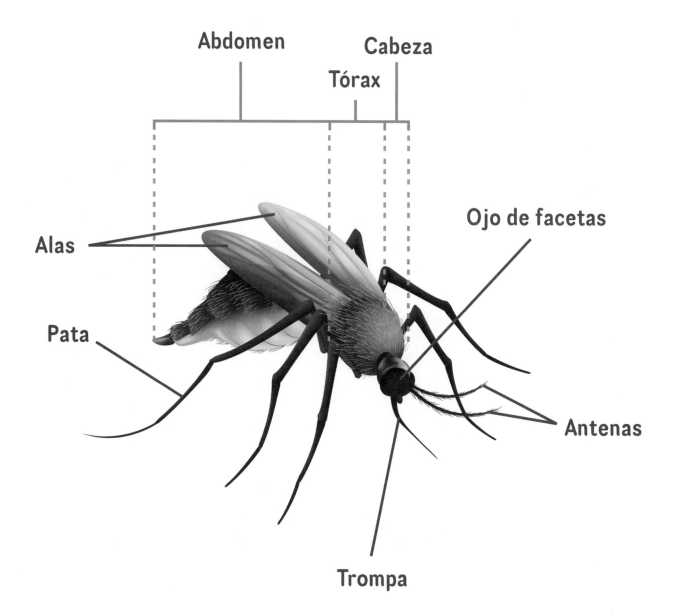

Abdomen

Cabeza

Tórax

Ojo de facetas

Alas

Pata

Antenas

Trompa

Observa bien las imágenes y luego numera del 1 al 5 cada etapa del ciclo de vida del mosquito.

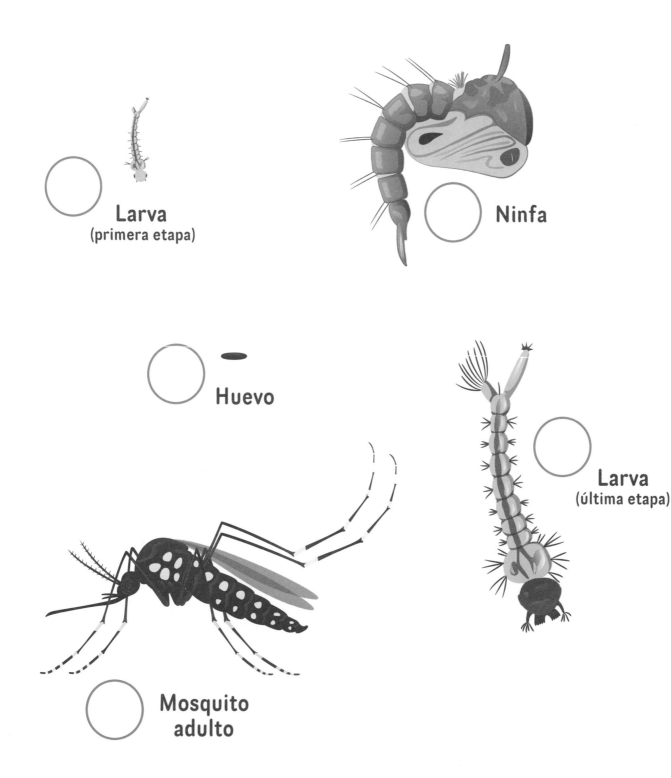

Larva
(primera etapa)

Ninfa

Huevo

Larva
(última etapa)

Mosquito adulto

Observa bien las imágenes y luego numera del 1 al 5 cada etapa del ciclo de vida de la mariposa.

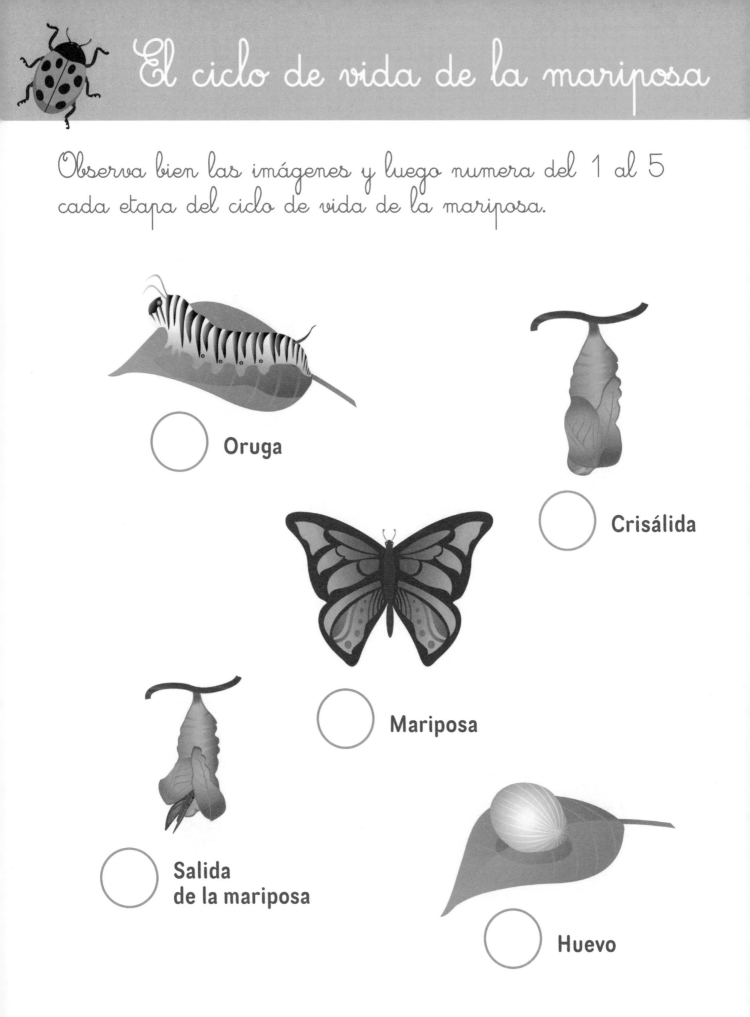

◯ **Oruga**

◯ **Crisálida**

◯ **Mariposa**

◯ **Salida de la mariposa**

◯ **Huevo**

Recorta las tarjetas de la página 115 y luego pégalas para completar el ciclo de vida de la rana.

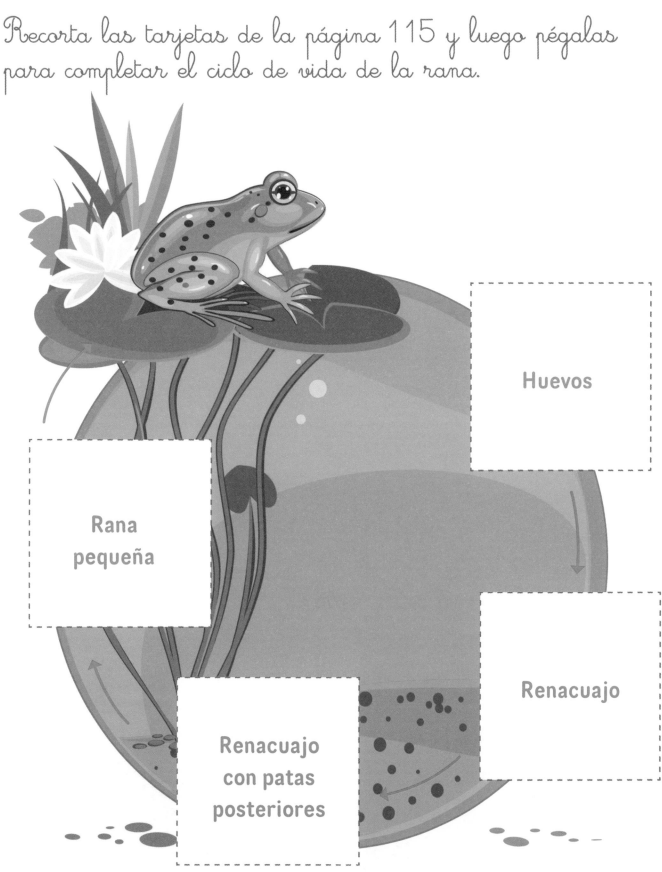

Huevos

Rana pequeña

Renacuajo

Renacuajo con patas posteriores

Bajo el océano

Busca y rodea con un círculo bajo el océano:

- 2 invertebrados
- 1 reptil
- 1 mamífero marino
- 1 animal de 5 branquias
- 1 pez naranja y blanco
- 1 pez feroz y peligroso
- 1 molusco en forma de espiral
- ¡1 objeto que no debería estar aquí!

La alimentación de los animales

¿Qué comen estos animales? Para descubrirlo, une cada animal con su alimento favorito.

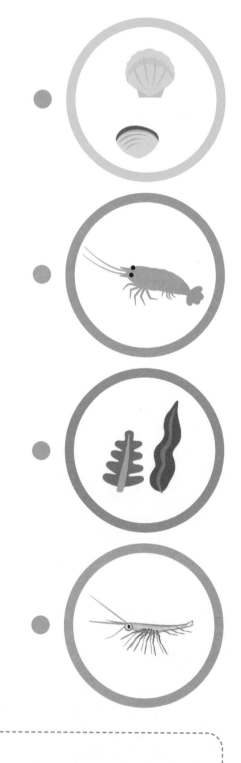

¿Lo sabías?
El cangrejo tiene cinco pares de patas, uno de los cuales forma sus pinzas.

¿Flota o se hunde?

¿Qué es lo que hace que un objeto flote o se hunda? ¡Lo entenderás gracias a un huevo!

El experimento paso a paso:

1. Llena el vaso de agua (no hasta el borde) y luego deposita en su interior un huevo con cuidado. Observa qué sucede.

2. Ahora saca el huevo del vaso, añade sal (como mínimo una cucharadita), e introduce el huevo con cuidado en el agua salada. ¿Qué sucede esta vez?

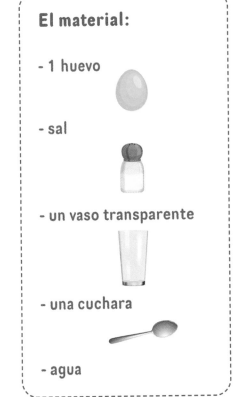

El material:

- 1 huevo

- sal

- un vaso transparente

- una cuchara

- agua

Lo que observas:

La primera vez, el huevo se hundió hasta el fondo del vaso, y luego, después de añadir sal, ¡flotó! Si no flotó del todo, añade más sal y prueba de nuevo.

¿Qué sucedió?

Con este experimento puedes observar el cambio de densidad del agua: el agua salada es más pesada que la no salada.

Cuando el huevo se hundió en el agua dulce pesaba más que el agua que desplazó: por tanto, se hundió.

En cambio, en el agua salada, el huevo era más ligero que el agua desplazada. ¡Por tanto, flotó!

¿Lo sabías?
Un fluido es una materia que no es sólida, sino que es líquida o gaseosa.
Por ejemplo, ¡el agua y el aire son fluidos!

A cada cual, su hábitat

Recorta las tarjetas
de la página 133 y luego
sitúa cada animal
en su hábitat natural.

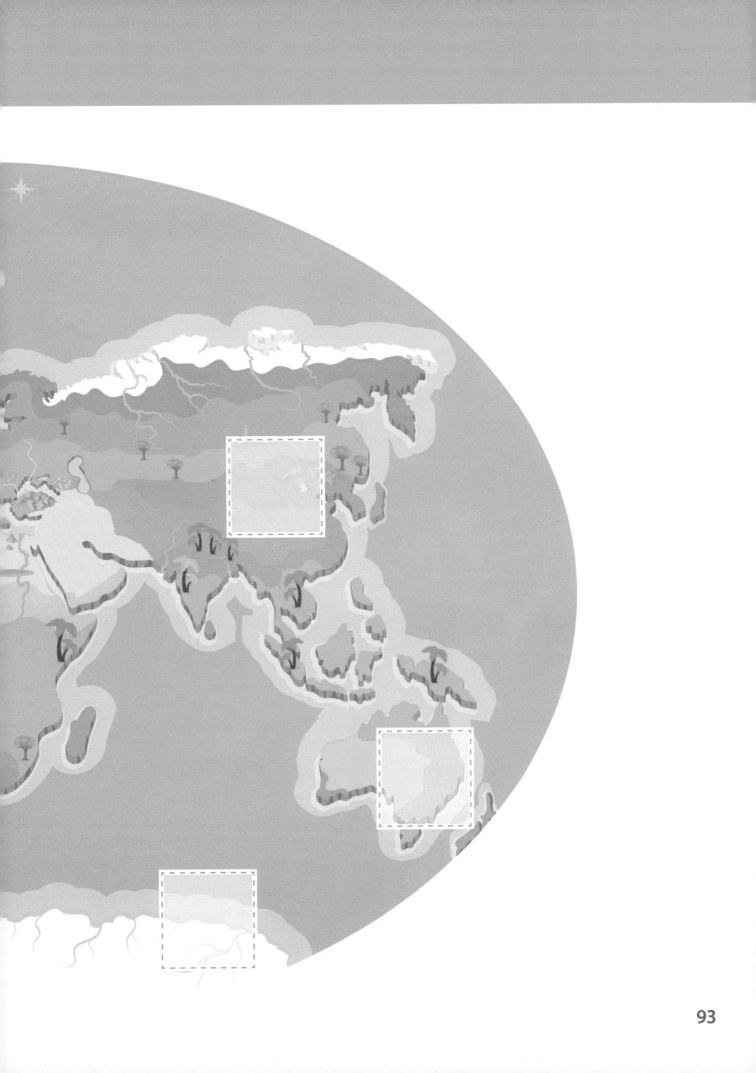

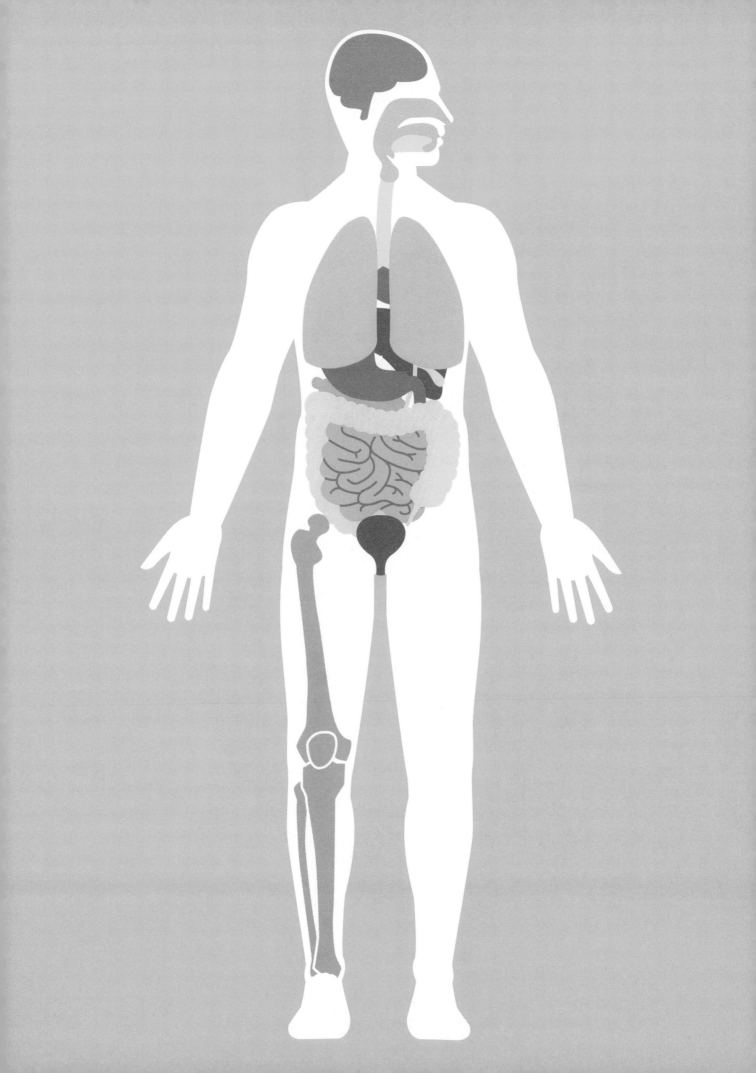

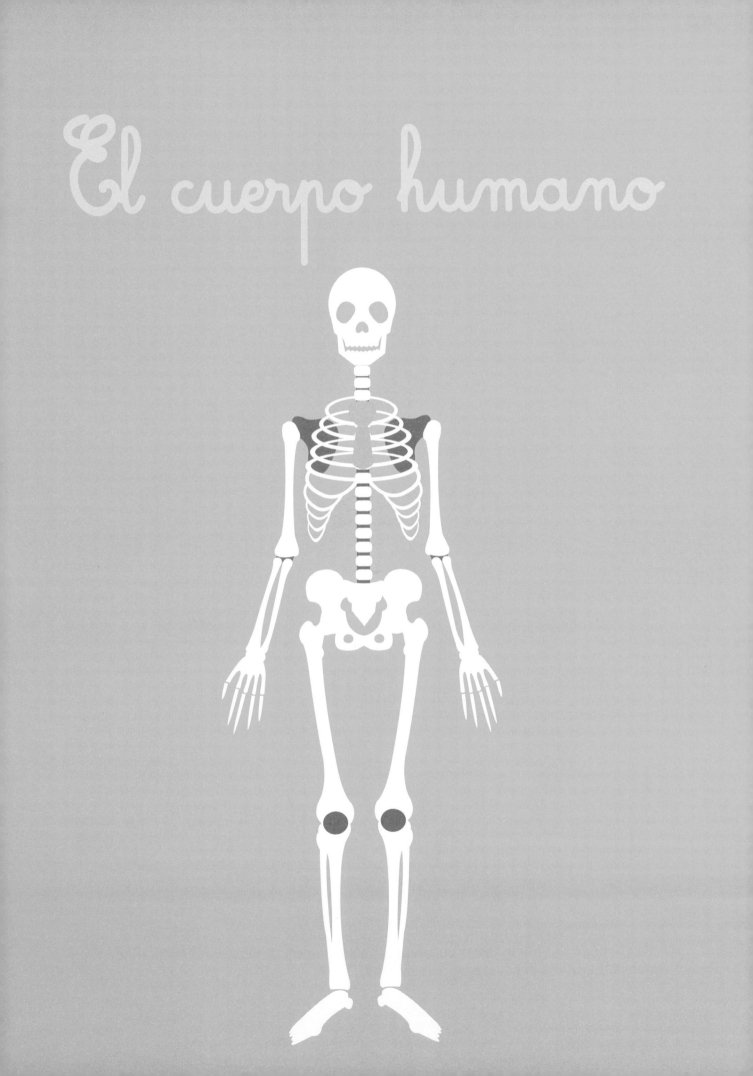

El cuerpo humano

Las partes del cuerpo

Recorta las tarjetas de la página 117 y luego colócalas sobre las imágenes en blanco y negro que les corresponden.

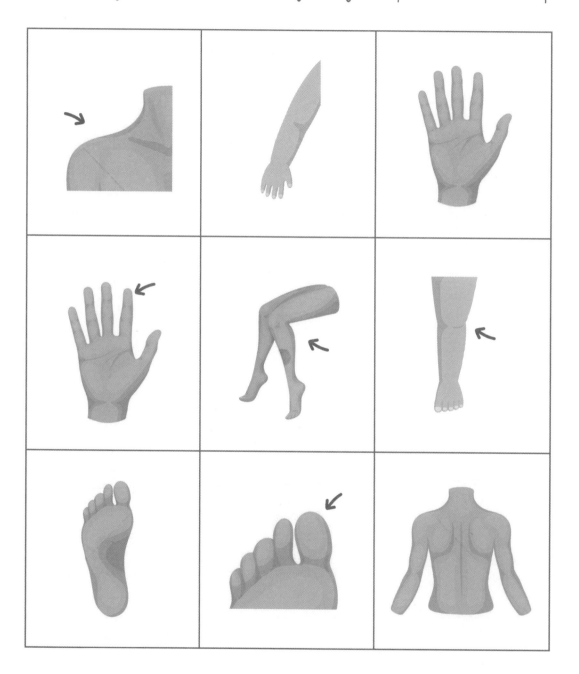

Para hacerlo con tu hijo:
Para ayudar a tu hijo a tomar conciencia de su cuerpo, proponle que identifique y que mueva las partes del cuerpo que le indicas.

El esqueleto

Recorta las tarjetas de la página 135, luego colócalas alrededor del esqueleto y dales la vuelta para conocer el nombre de los diferentes huesos.

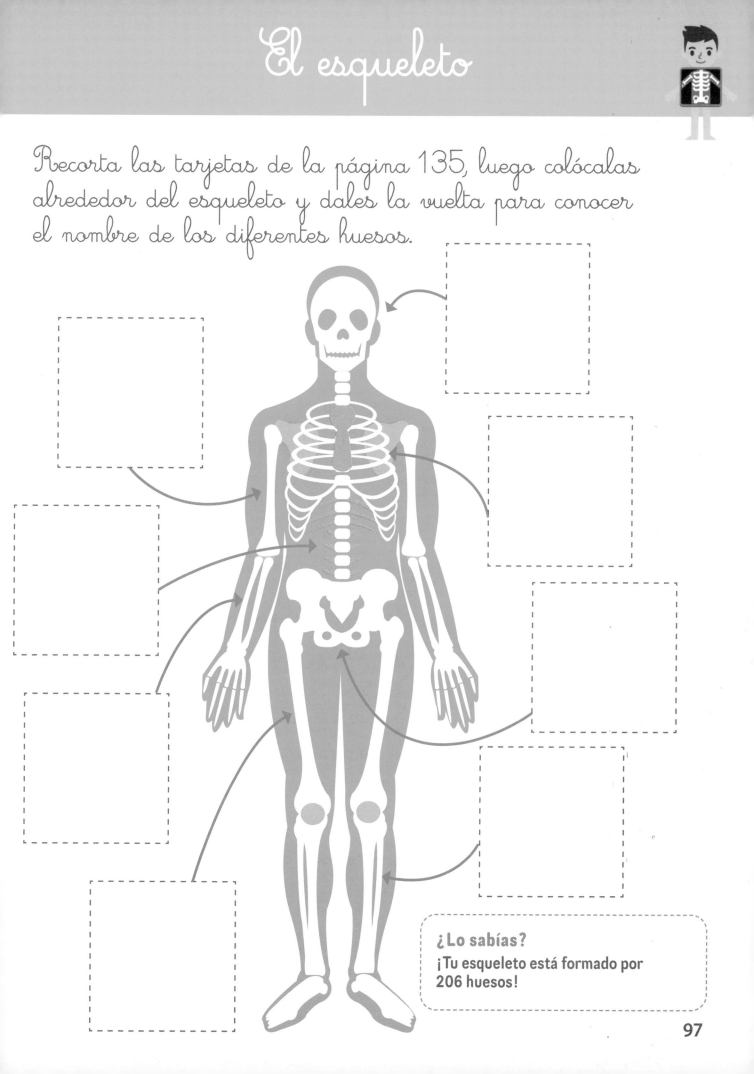

¿Lo sabías?

¡Tu esqueleto está formado por 206 huesos!

La dentición

Para descubrir el nombre y la posición de los dientes, coloréalos respetando el código de colores.

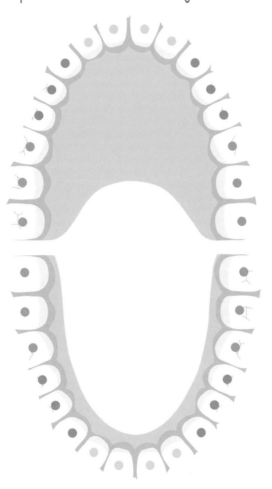

- ● Los **incisivos** son cortantes, sirven para cortar los alimentos.

- ● Los **caninos** son puntiagudos, sirven para arrancar porciones.

- ● Los **premolares** sirven para triturar la comida.

- ● Los **molares** son los dientes más grandes y más fuertes, y también sirven para triturar los alimentos.

Para hacerlo con tu hijo:
Con plastilina alimentaria o con arcilla envuelta en film transparente, toma las huellas de la dentición de tu hijo.

Recorta las tarjetas de la página 135, colócalas y dales la vuelta para conocer el nombre de los órganos de la digestión. Luego podrás seguir las flechas para seguir el recorrido de los alimentos durante su digestión.

2 Dentro del estómago, los alimentos son degradados por completo y digeridos.

1 La masticación permite empezar el proceso de degradación de los alimentos. Los dientes, la lengua y la saliva tienen un papel destacado.

4 En el colon ya sólo quedan las heces, que son todos los restos que el cuerpo no utiliza. Después son evacuados.

3 En el intestino delgado, los alimentos se transforman en nutrientes, que luego pasan a la sangre.

➡ : recorrido de los alimentos

Para seguir el recorrido del aire que entra y sale de tu cuerpo, sigue las flechas con tu dedo.

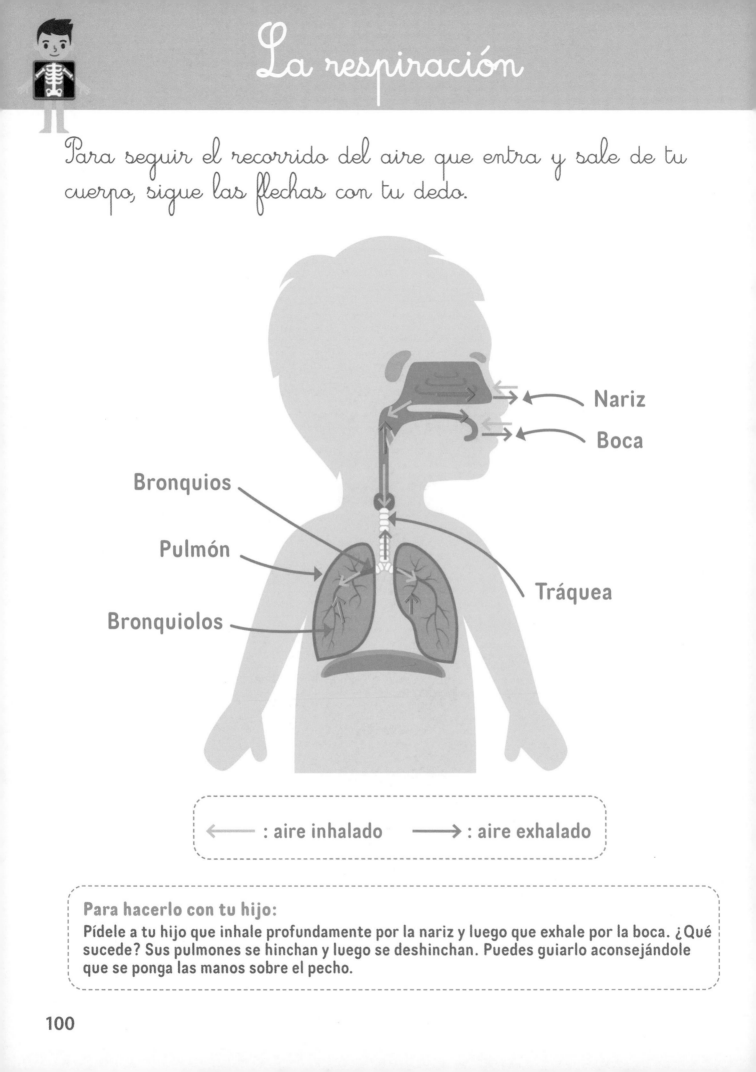

Nariz

Boca

Bronquios

Pulmón

Bronquiolos

Tráquea

⟵ : aire inhalado   ⟶ : aire exhalado

Para hacerlo con tu hijo:

Pídele a tu hijo que inhale profundamente por la nariz y luego que exhale por la boca. ¿Qué sucede? Sus pulmones se hinchan y luego se deshinchan. Puedes guiarlo aconsejándole que se ponga las manos sobre el pecho.

Para descubrir el nombre y la función de las diferentes partes del ojo, coloréalas respetando el código de colores.

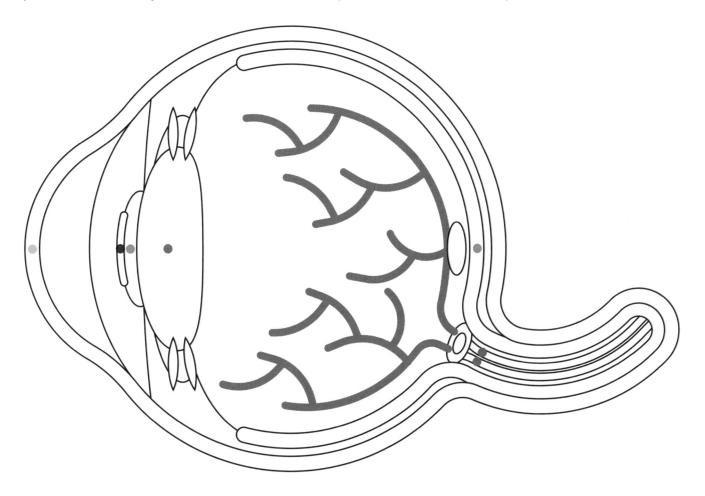

- La **córnea** es una capa transparente que protege el ojo.

- El **iris** es la parte coloreada del ojo. Permite filtrar la luz que llega al cristalino.

- La **pupila** es una abertura situada en el centro del iris. Deja pasar la luz hacia la retina.

- El **cristalino** permite adaptar la visión para hacerla nítida de cerca o de lejos.

- La **retina** capta la imagen de lo que miramos y la envía al cerebro.

- El **nervio óptico** transmite la imagen hasta el cerebro.

Observa este dibujo. ¿No tienes la sensación de que los círculos giran?

¿Qué sucedió?

Nada se mueve, pero la repetición del mismo motivo en forma de círculo engaña a tu cerebro y crea una ilusión de movimiento.

Observa los círculos de color en el centro de las ilustraciones. ¿Te parecen todos del mismo tamaño?

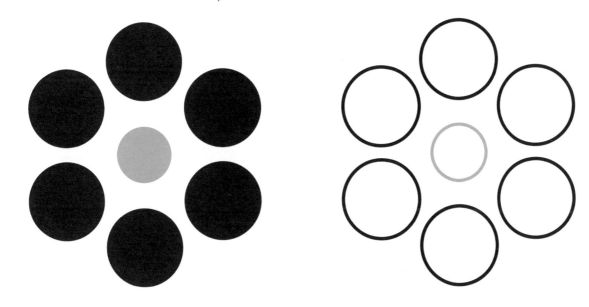

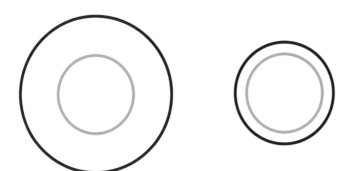

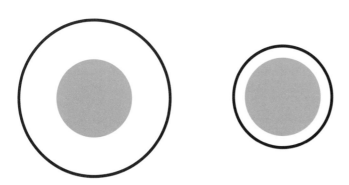

¿Lo sabías?

¡Nuestros ojos y nuestro cerebro pueden engañarnos! A veces se equivocan y nos hacen ver cosas sorprendentes e irreales.

Aquí, el tamaño de los círculos puede parecer diferente, porque lo que los rodea influye en nuestra percepción.

El disco de Newton

Cuando se mezclan todos los colores del arcoíris, el resultado es... ¡inesperado!

El experimento paso a paso:

1. Recorta el disco de colores de la página 119 y luego pídele a un adulto que haga dos agujeros a nivel de los dos puntos negros.

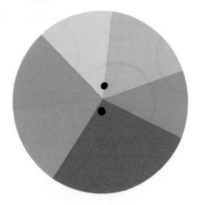

2. Pasa el hilo por el agujero y dóblalo para pasarlo por el otro agujero. Ata los dos extremos entre ellos.

3. Por último, tensa el hilo y coloca el disco en medio. Al tensar y destensar el hilo, al modo del movimiento del acordeón, ¡haz girar tu curiosa rueda de colores!

El material:

- El disco de colores y el disco blanco de la página 119

- unas tijeras

- 80 cm de hilo

- 7 rotuladores para los 7 colores del arcoíris (si quieres pintar el disco blanco)

Lo que observas:

Es una ilusión óptica: cuando el círculo gira
muy rápido, se vuelve de color gris-blanco.

> **¿Lo sabías?**
> Isaac Newton, el físico, descubrió que
> la luz que vemos blanca ¡en realidad está
> formada por los 7 colores del arcoíris!

¿Qué sucedió?

Este experimento muestra que la luz blanca en realidad es una combinación
de 7 colores: el amarillo, el naranja, el rojo, el violeta, el índigo, el azul
y el verde.

La rueda gira tan rápido que tu ojo confunde todos los colores,
¡y así reconstituye el color blanco!

Cuando vemos un arcoíris, es que la luz blanca se ha descompuesto
y ha hecho aparecer sus 7 colores.

Truco:

Si quieres hacer otros discos de Newton, puedes utilizar el disco blanco
de la página 119 y colorearlo con los 7 colores del arcoíris, siguiendo
el mismo orden: violeta, índigo, azul, verde, amarillo, naranja y rojo.

Pídele a un adulto que haga los dos agujeros antes de empezar a colorear
el disco, ¡o no verás dónde se encuentran!

Pega aquí un sobre y guarda
las etiquetas dentro

Mi molinillo de viento de papel, páginas 36-37

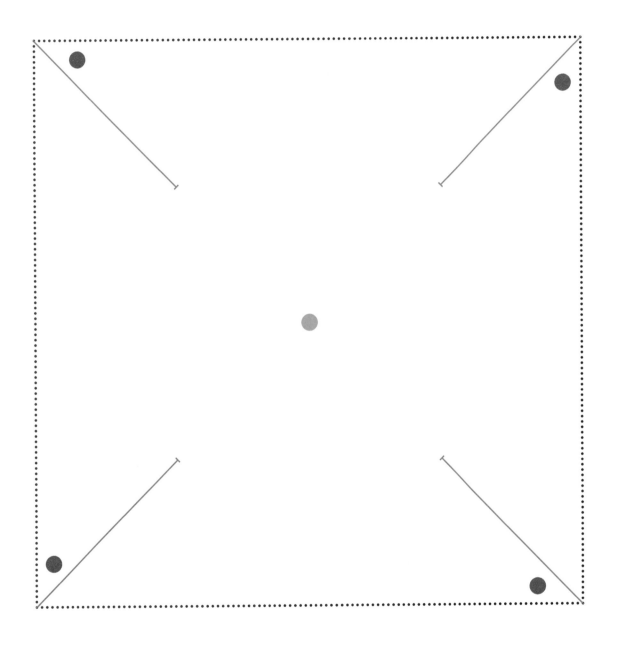

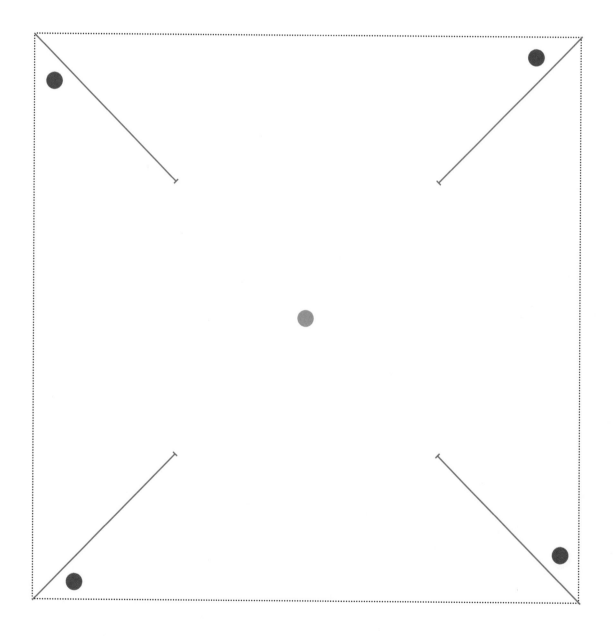

Las partes de la planta, página 45

Las partes del árbol, página 55

Frutas y verduras, páginas 60-61

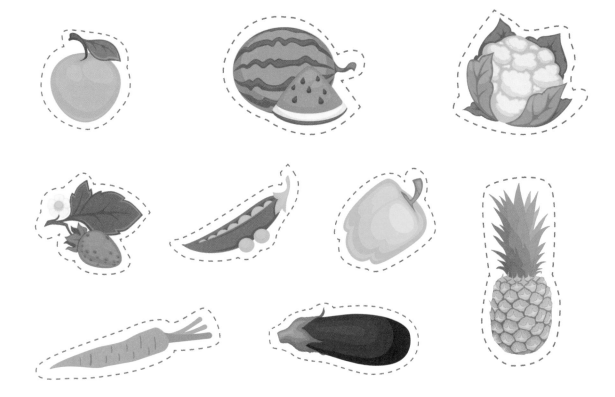

Un pajarito que crecerá, página 75

1   3   5

75   75   75

En el bosque, página 72

En el campo, página 76

En el estanque, página 82

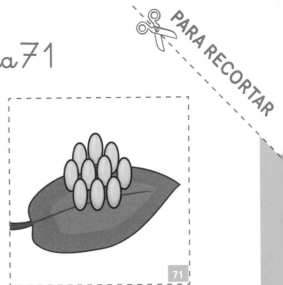
El ciclo de vida de la catarina, página 71

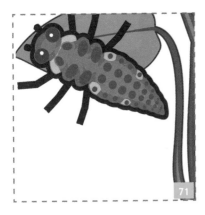

El ciclo de vida de la rana, página 87

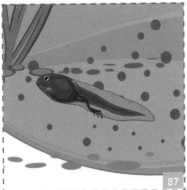

Las partes del cuerpo, página 96

Hombro · 96

Brazo · 96

Mano · 96

Dedo · 96

Pierna · 96

Rodilla · 96

Pie · 96

Dedo gordo · 96

Espalda · 96

El disco de Newton, páginas 104-105

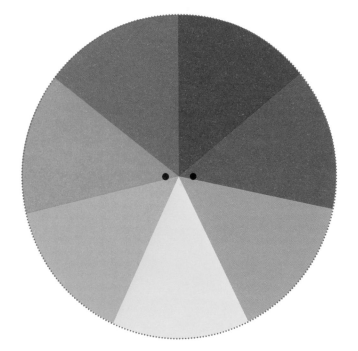

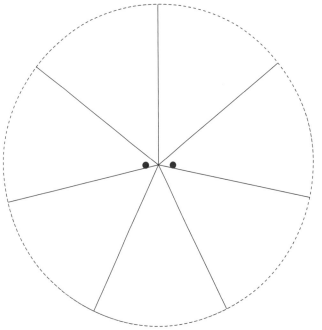

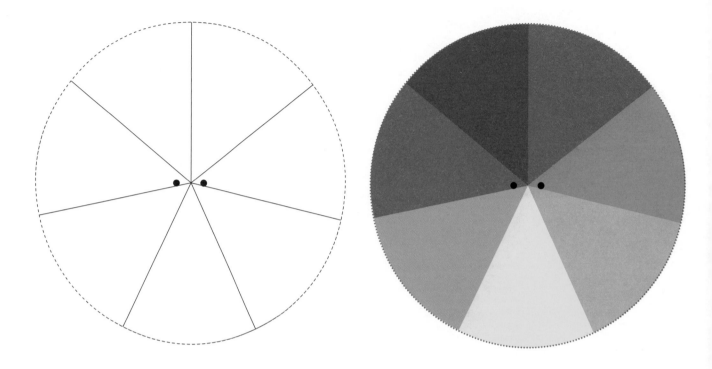

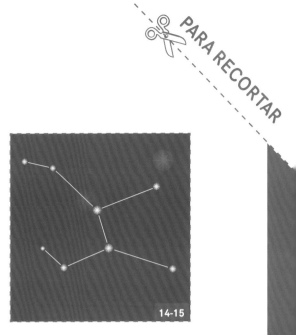
Las constelaciones, páginas 14-15

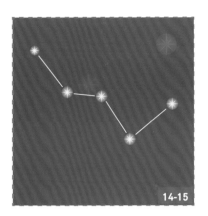

14-15

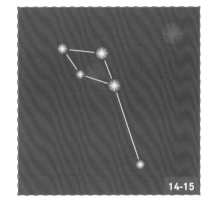

14-15

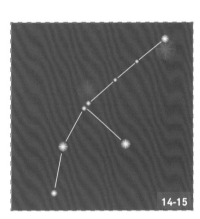

14-15

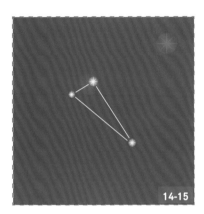

14-15

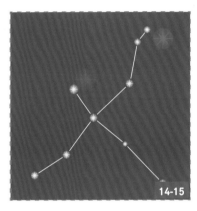

14-15

14-15

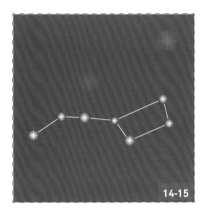

14-15

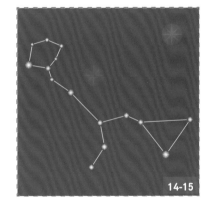

14-15

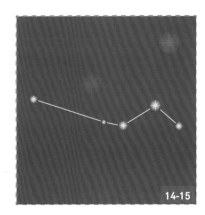

14-15

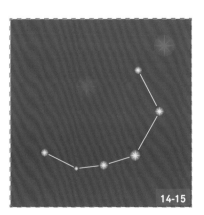

14-15

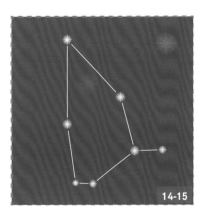

14-15

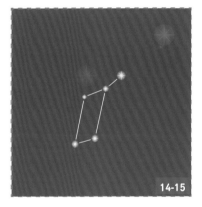

14-15

El sistema solar, página 8

Los 4 elementos, páginas 22-23

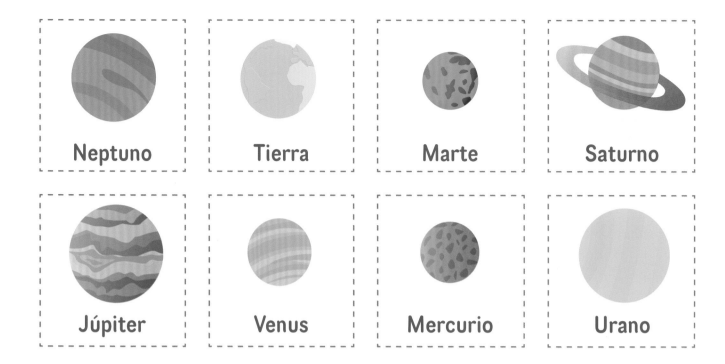

Neptuno

Tierra

Marte

Saturno

Júpiter

Venus

Mercurio

Urano

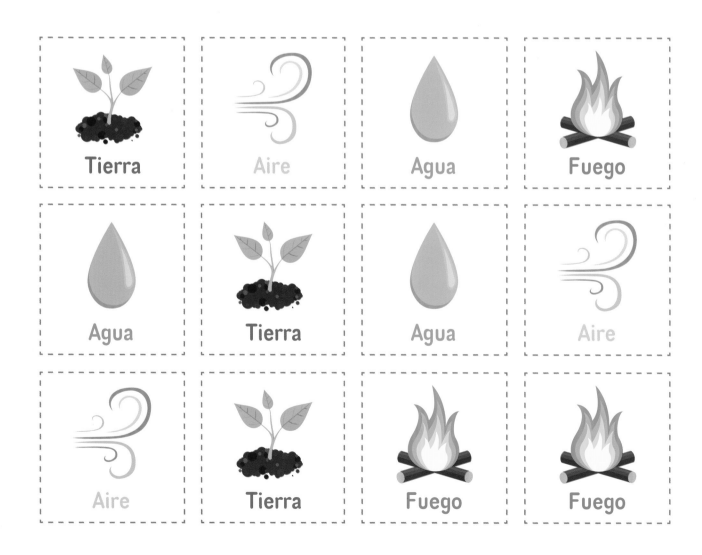

Tierra

Aire

Agua

Fuego

Agua

Tierra

Agua

Aire

Aire

Tierra

Fuego

Fuego

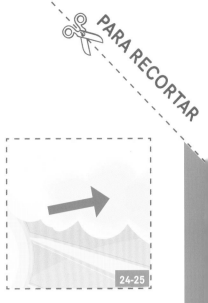

El ciclo del agua, páginas 24-25

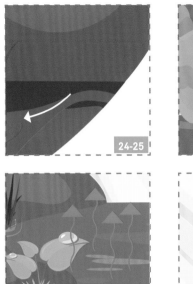

24-25

24-25

24-25

24-25

24-25

24-25

Los estados del agua, páginas 28-29

Granizo — 28-29

Iceberg — 28-29

Cubito — 28-29

Nieve — 28-29

Muñeco de nieve — 28-29

Río — 28-29

Lluvia — 28-29

Vaso de agua — 28-29

Cascada — 28-29

Nube — 28-29

Vapor de agua — 28-29

Condensación Precipitaciones Transpiración Filtración

Escorrentía Evaporación

Estado sólido Estado sólido Estado sólido Estado sólido

Estado líquido Estado líquido Estado líquido Estado sólido

Estado gaseoso Estado gaseoso Estado líquido

¿Animal o vegetal?, página 41

La cadena alimentaria, página 44

Vegetal

Vegetal

Animal

Animal

Vegetal

Animal

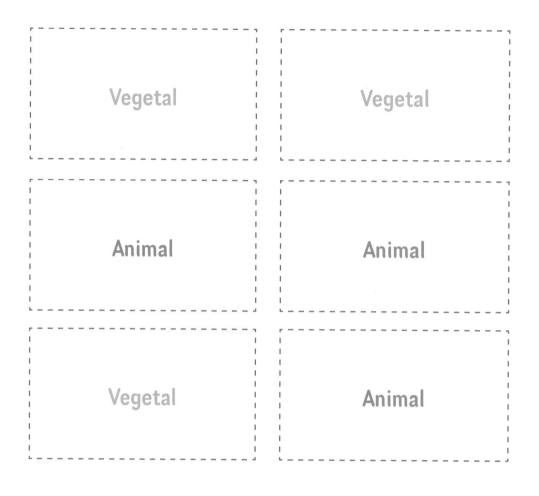

El sol y la vida, páginas 42-43

¿De quién son estos frutos?, página 54

Omnívoro	Vegetal	Omnívoro	Herbívoro
Omnívoro	Herbívoro	Carnívoro	Carnívoro
Herbívoro	Vegetal	Carnívoro	Vegetal

| Castaño | Roble | Haya | Arce |

¿De qué se alimentan?, páginas 66-67

Flores 66-67

Algas 66-67

Hierba 66-67

Abeja 66-67

Oveja 66-67

Arenque 66-67

Lobo 66-67

Foca 66-67

Gorrión 66-67

Rana 66-67

Gato 66-67

Bayas 66-67

¿Ovíparo o vivíparo?, página 77

77

77

77

77

77

77

Insecto	Vegetal	Vegetal	Vegetal
Mamífero	Mamífero	Pez	Mamífero
Vegetal	Mamífero	Anfibio	Pájaro

| Vivíparo | Ovíparo | Ovíparo |
| Ovíparo | Vivíparo | Vivíparo |

La anatomía de la catarina, página 70

Ojo	Antena	Élitro	Cabeza
70	70	70	70

Pata
70

La anatomía del petirrojo, página 74

Pata	Pico	Cabeza	Cola
74	74	74	74

A cada cual, su hábitat, páginas 92-93

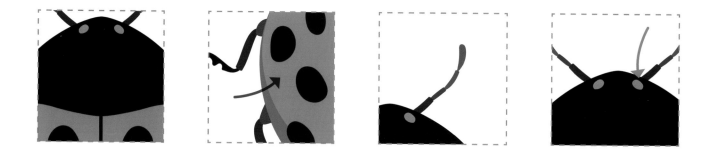

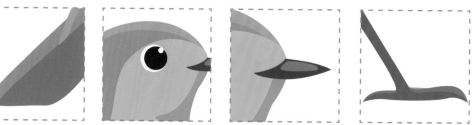

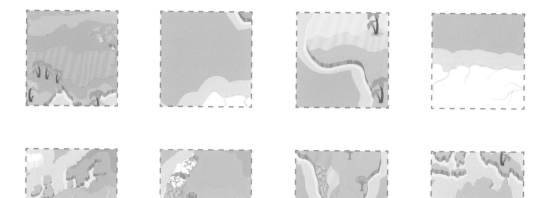

El esqueleto, página 97

La digestión, página 99

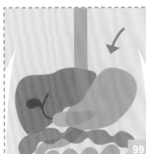
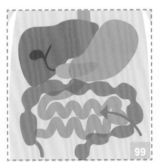

| Radio | Húmero | Costillas | Cráneo |

| Tibia | Fémur | Pelvis | Vértebras |

| Colon | Intestino delgado | Estómago | Boca |